컴퓨터를 구성하는

컴퓨터는 여러 가지 장치가 한데 모여서 이루어져요.
각각의 이름이 무엇인지 아래에서 골라 (   )안에 답해 보세요.

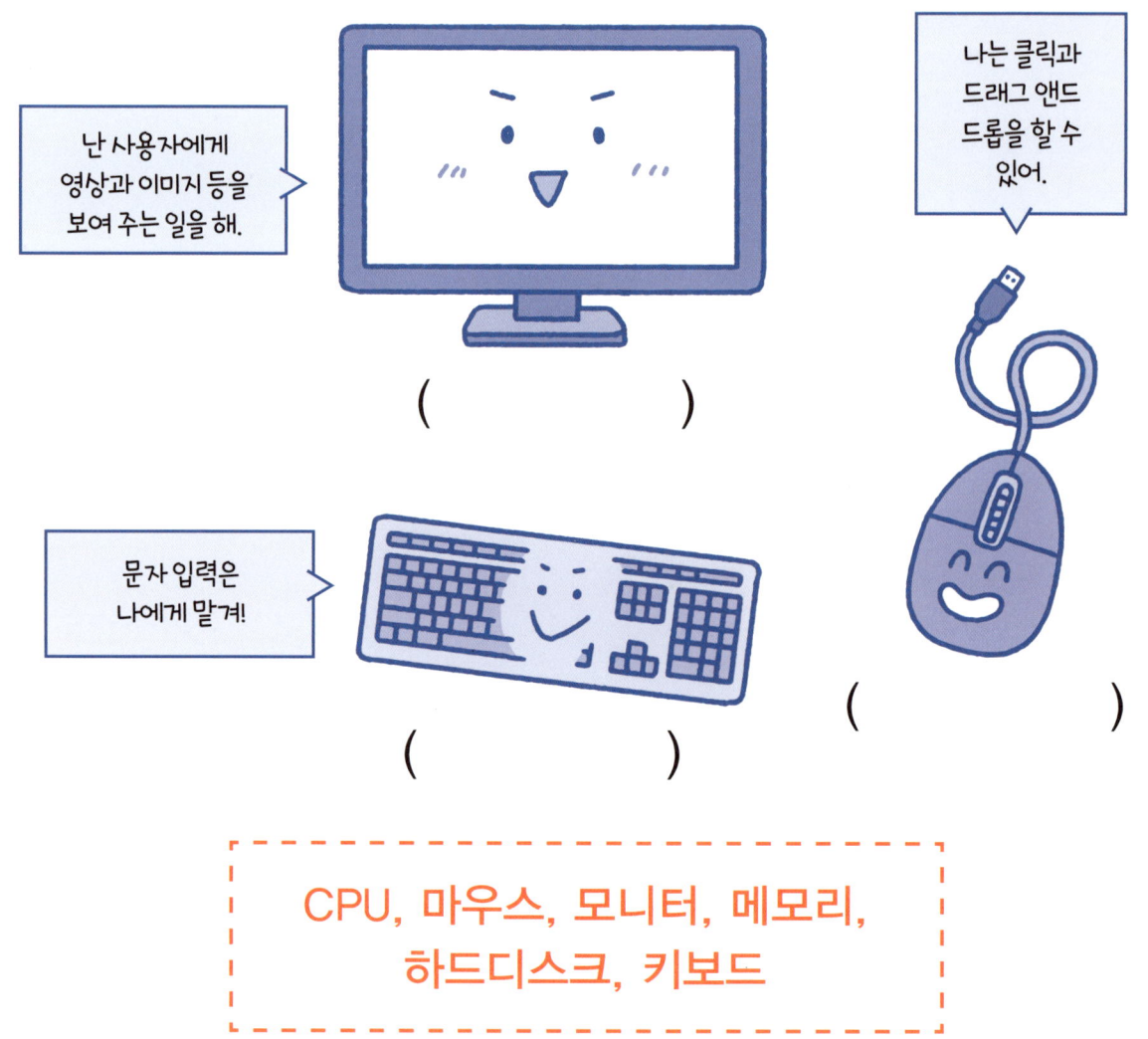

CPU, 마우스, 모니터, 메모리, 하드디스크, 키보드

주요 장치 이게 뭘까?

컴퓨터 본체

( )

나는 명령을 처리하거나 다른 장치에 명령을 내리기도 해. '중앙 처리 장치'라고도 불리는 컴퓨터의 '두뇌'에 해당하지.

( )

나는 컴퓨터의 전원이 꺼질 때까지 일시적으로 데이터를 저장해.

( )

우리도 데이터를 저장해. 하지만 우리 안의 데이터는 전원이 꺼져도 지워지지 않아.

정답은 맨 뒤에

AI 시대의 컴퓨팅 사고력

쉽게 이해하는 컴퓨터 과학

일러두기
- 이 책은 2023년 5월까지의 정보를 바탕으로 만들어진 책입니다. 최신 기술과는 다른 내용이 있을 수 있습니다.
- 본문은 교육 목적에 따라 엄밀한 사실보다는 쉬운 이해를 우선하여 작성했습니다.

AI 시대의 컴퓨팅 사고력

쉽게 이해하는
컴퓨터 과학

시마부쿠 마이코 지음 | 가네무네 스스무 감수 | 윤재 옮김

봄마중

> 시작하며

컴퓨터과학이 뭘까?

"컴퓨터과학을 꼭 알아야 할까?"

어쩌면 이 책의 제목을 보고 이렇게 느꼈을지 모르겠어요.

하지만 생각해 봅시다. 우리 주변에는 스마트폰이나 태블릿 PC, 에어컨이나 냉장고와 같이 컴퓨터로 움직이는 물건이 아주 많아요. 그리고 자율주행차와 드론, 인공지능(AI)처럼 오늘날 새로 등장한 기술 중에도 컴퓨터를 활용한 것이 많지요.

이러한 컴퓨터의 원리를 이해하기 위해서는 프로그래밍을 체험하는 일과 컴퓨터과학을 이해하는 일, 두 가지가 모두 중요해요.

컴퓨터과학이란 컴퓨터의 시스템을 이해하고, 그 지식과 기술을 활용하는 학문이에요. 컴퓨터의 쓰임이 당연한 세상에서 컴퓨터과학은 전문가만 알아야 하는 분야가 아니라, 우리 모두가 익혀 둘 필요가 있는 교양이지요.

그러므로 이 책은 다음의 두 가지에 집중해서 여러분이 컴퓨터과학의 기본을 이해하고, 이것을 미래를 위한 힘으로 활용할 수 있도록 도울 거예요.

1. 재미있는 문제 풀이로 시작하기

컴퓨터 개념을 처음 배우는 사람이라도 술술 읽을 수 있도록 어려운 컴퓨터 이야기는 되도록 다루지 않았어요. 해설을 읽다가 알쏭달쏭한 부분이 나올지도 모르지만 개념 설명이 잘 이해되지 않으면 "음, 이런 것도 있구나." 하는 정도로만 생각해도 괜찮으니까 우선 재미있게 문제를 푸는 데 집중해 보세요.

2. 독해력과 논리적 사고력 기르기

앞으로는 컴퓨터과학의 개념을 응용할 기회가 더욱 많아질 거예요. 컴퓨터과학의 원리를 이해하면 자료를 꼼꼼히 읽고 적절한 답을 찾아내야 하는 논리적 사고력은 물론 독해력도 기를 수 있어요. 이 책에도 문제의 지문을 잘 읽고 스스로 열심히 생각해 보아야 하는 문제를 많이 실었답니다.

이 책은 여러분의 미래에 분명히 도움이 될 거예요. 그럼 함께 컴퓨터과학을 재미있게 배워 볼까요?

시마부쿠 마이코

차례

시작하며 ... 4

우선 여기부터! 레벨 1

Q01 암호 초대장 ... 16
　정답·해설　'0'과 '1'로 이루어진 컴퓨터 세계 ... 18

Q02 만화책 정리 ... 20
　정답·해설　십진법 숫자를 이진법으로 나타내기 ... 22
　가르쳐 주세요, 스승님!　컴퓨터는 왜 이진법을 쓰나요? ... 24

Q03 로봇의 메시지 ... 26
　정답·해설　글자 깨짐 현상 ... 28

Q04 이상한 종이 ... 30
　정답·해설　수많은 작은 네모가 모여 만드는 컴퓨터 속 그림 ... 32
　도전 레벨업　다시 한번 만화책을 정리하자 ... 34

| Q05 | **드론 배달** | **36** |

  정답·해설 프로그램은 순서가 중요 39

| Q06 | **단어를 기억하는 꽃들** | **40** |

  정답·해설 변수는 데이터를 잠시 넣어 두는 상자 42

| Q07 | **고양이와 생쥐의 자동차 경주** | **44** |

  정답·해설 고대 로마 장군의 이름이 붙은 암호 47

| Q08 | **로봇 아이스크림 가게** | **48** |

  정답·해설 컴퓨터를 상대하는 컴퓨터 50

| Q09 | **보물 지도** | **52** |

  정답·해설 압축은 데이터를 한데 묶는 것 55

  (?)퀴즈 압축한 데이터를 원래대로 되돌릴 수 있을까? 56

살짝 어려운?!
레벨 2

| Q10 | **커다란 선물** | **60** |

| 정답·해설 | 데이터를 작게 나눠 보내기 | 62 |

Q11 피자 배달　　64

| 정답·해설 | 인터넷에 연결하기 위해서 필요한 기기 | 67 |

Q12 로봇이 지나가는 길　　68

| 정답·해설 | 프로그램을 그림으로 나타내기 | 71 |

Q13 스트링아트　　72

| 정답·해설 | 디지털화의 3가지 흐름 | 74 |

도전 레벨업 ↗ **스트링아트를 따라 해 보자**　　76

Q14 두더지 집　　78

| 정답·해설 | 데이터를 나뭇가지 모양 구조도로 관리하기 | 81 |

Q15 체육관 이용 요금　　82

| 정답·해설 | 함수는 프로그램의 자동판매기 | 84 |

Q16 기념주화　　86

| 정답·해설 | 참과 거짓도 '0'과 '1' | 89 |

가르쳐 주세요, 스승님! **우리 생활 속에서 사용되는 논리 연산**　　90

도전 레벨업 ↗ 전기가 통하는 신기한 생물 … 92

Q17 장난감 공장 … 94
　정답·해설　숫자로 데이터가 올바른지 확인 … 96
　(?)퀴즈　바코드 숫자는 무엇을 나타낼까? … 98

풀 수 있으면 대단한!
레벨 3

Q18 비밀의 상자 … 102
　정답·해설　데이터에 자물쇠 채우기 … 104
　가르쳐 주세요, 스승님!　정보 보안을 학습해 데이터를 지키자 … 106

Q19 숫자 맞히기 게임 … 108
　정답·해설　알고리즘으로 데이터 찾기 … 111

Q20 생일 축하 깜짝 동영상 … 112
　정답·해설　SNS는 조심 또 조심 … 115

Q21 창고의 페인트 … 116
　정답·해설　데이터 관리에 배열 사용하기 … 119

Q22	고양이 아저씨네 편의점	120
	정답·해설 많은 데이터는 데이터베이스로 관리하기	123
	도전 레벨업 편의점 판매액을 다시 조사해 보자	124

| Q23 | 양떼 목장 | 126 |
| | 정답·해설 데이터 재배열에도 활약하는 알고리즘 | 129 |

Q24	길에 적힌 메시지	130
	정답·해설 프로그램의 상태를 보기 쉽게 만드는 그림	133
	도전 레벨업 동굴 탐색	134

| Q25 | 미래의 자동판매기 | 136 |
| | 정답·해설 컴퓨터 입장에서 생각하기 | 139 |

퀴즈·도전 레벨업! **힌트와 정답**   142
감수자의 말   144

이 책을 보는 법

① 문제 풀기!
문제의 내용과 자료를 잘 읽어 보세요.

페이지를 이진법으로 표시해 두었어요.

힌트가 적힌 곳도 있어요.

② 정답 살펴보기!
정답과 함께 문제를 푸는 방법도 확인해 보세요.

③ 컴퓨터과학 개념 배우기!
해설을 읽으며 이 문제가 컴퓨터에 대해 무엇을 알려 주는지 살펴보세요.

④ 한층 더 레벨업하기!
레벨업 문제, 퀴즈, 추가 해설을 통해서 컴퓨터에 대해 더 자세히 배워 보세요.

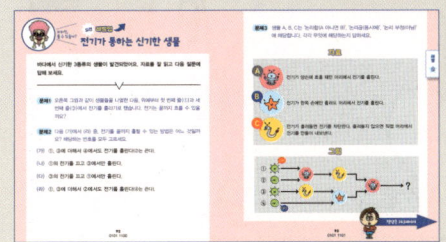

우선 여기부터!
레벨 1

우리가 스마트폰으로 즐기는 게임도,
친구와 주고받는 문자 메시지도 컴퓨터의 입장에서는
모두 '0'과 '1'의 나열이야. 문제를 살펴보면서
'0'과 '1'의 세계를 알아보는 단계부터 시작해 보자.

암호 초대장

어느 날, 다람쥐에게 파티 초대장이 왔어요. 그런데 파티의 시간과 장소가 암호로 적혀 있어서 알아볼 수가 없네요. 암호표를 살펴보면서 몇 시에 소나무 호텔 몇 층의 파티장으로 가야 하는지 함께 생각해 봅시다.

초대장

다람쥐에게
오후 1010시에 소나무 호텔 1001층 0101호실로 오세요.

박쥐로부터

암호표

0	⟶	0000
1	⟶	0001
2	⟶	0010
3	⟶	0011
4	⟶	0100
5	⟶	0101
6	⟶	0110
7	⟶	0111
8	⟶	1000
9	⟶	1001
10	⟶	1010

정답은 다음 페이지에

오후 10시에 소나무 호텔 9층 5호실

암호표를 살펴보면
10 → 1010
9 → 1001
5 → 0101
이니까, 암호를 풀면 원래 숫자는 10시와 9층과 5호인 걸 알 수 있어요.

스승님의 해설 코너 '0'과 '1'로 이루어진 컴퓨터 세계

인간들은 0부터 9까지 10종류의 숫자를 사용한다고 들었다만, 컴퓨터는 0과 1, 2종류의 숫자만 사용한단다.

정말요? 하지만 스마트폰에선 0과 1 말고 다른 숫자도 쓸 수 있잖아요?

그건 그냥 인간이 사용하기 쉽게 표시해 주는 거야. 예를 들면 인간의 34는 컴퓨에겐 100010이야. 이걸 이진법이라고 하지.

이진법이요?

그래, 숫자를 0과 1, 모두 2가지로만 표시하는 방법을 말해. 참고로 인간이 평소에 사용하는 숫자 표기 방식은 십진법이지.

이 문제에서는 십진법 숫자를 이진법으로 바꿔서 암호로 사용한 거죠?

맞아. 그리고 컴퓨터 세계에서는 한 자릿수의 이진법 숫자(이진수)를 비트(bit)라고 부르고, 비트가 여덟 자릿수만큼 모이면 바이트(byte)라고 부르는 것도 함께 알아 두렴.

Q 02

만화책 정리

강아지는 아빠의 부탁을 받고 책꽂이에 만화책을 정리해 넣기로 했어요. 정리가 필요한 만화책은 추리 만화 1권, 모험 만화 2권, 역사 만화 4권, 이야기 만화 8권이에요.

아빠가 적은 메모 내용에 따라서 만화책을 정리할 때, 어떤 만화 시리즈를 골라서 넣으면 될까요? 선택한 시리즈를 권수가 많은 순서대로 답해 봅시다.

메모

- 책꽂이 한 단에 넣을 수 있는 만화책은 모두 13권이야.
- 만화책 두께는 모두 같아.
- 책꽂이는 한 단만 비어 있으니, 만화책을 넣을 수 있는 만큼 넣어 주렴.
- 단, 시리즈는 반드시 같이 넣어야 해. 예를 들어 역사 만화는 1권만 넣으면 안 되고, 4권을 함께 넣어야 하지.
- 책꽂이에 다 들어가지 않은 만화책은 아빠가 나중에 정리할 테니 밖에 놓아두렴.

같은 시리즈 책들이 서로 떨어지지 않도록, 책꽂이에 넣을 13권의 책을 골라내 보자.

정답은 다음 페이지에

이야기 만화, 역사 만화, 추리 만화

메모를 보면 합계 권수가 13권이어야 한다는 조건이 있으니까, 이야기 만화(8권), 역사 만화(4권), 추리 만화(1권)를 책장에 넣으면 됩니다. 모험 만화(2권)는 아빠가 나중에 넣을 수 있게 밖에 놓아두면 되어요.

같은 시리즈의 책이 나뉘면 안 되므로 이야기 만화 8권과 역사 만화 4권 그리고 모험 만화 중 1권만 넣는 등의 방법은 쓸 수 없어요.

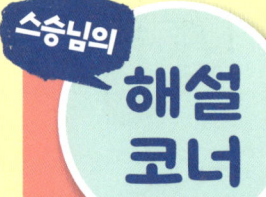

십진법 숫자를 이진법으로 나타내기

문제에 나온 13을 이진법으로는 어떻게 표시할까?

으~음.

22
0001 0110

 살짝 힌트를 줄게. 십진법에서는 1의 자릿수, 10의 자릿수, 100의 자릿수… 이렇게 자릿수가 10배씩 커지지?

그렇죠.

 이진법에서는 1의 자릿수, 2의 자릿수, 4의 자릿수, 8의 자릿수… 이렇게 자릿수가 1부터 2배씩 커져. 그러면 13은 1, 2, 4, 8…을 어떻게 활용해서 나타낼 수 있을지 생각해 보렴.

음… 13은 8과 4와 1로 분리할 수 있으니까… 1101이에요!

 그렇지! 8의 자릿수, 4의 자릿수, 1의 자릿수가 '1'이 된단다.

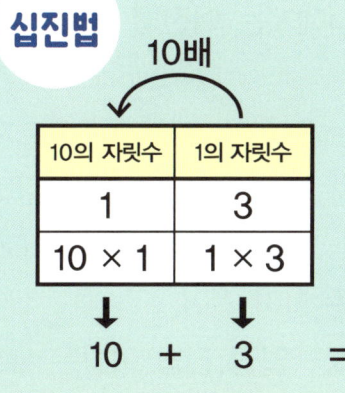

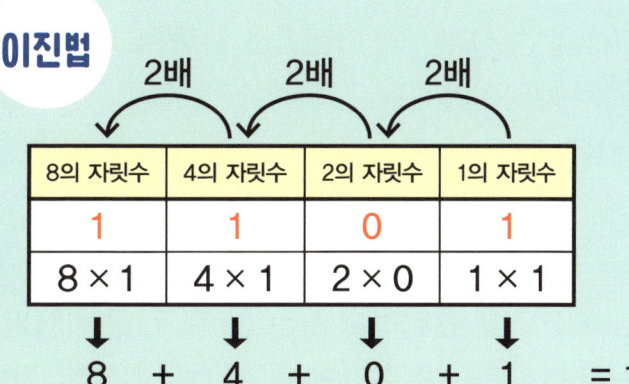

23
0001 0111

가르쳐 주세요, 스승님!

컴퓨터는 왜 이진법을 쓰나요?

컴퓨터나 스마트폰을 설명할 때 '8GB(기가바이트) 메모리'나 '64bit(비트) CPU'처럼 숫자가 쓰인 걸 본 적 있니? 왜 그 숫자들은 10이나 65가 아니라 8과 64일까? 그 이유는 8과 64를 이진법으로 나타내 보면 알 수 있어.

23쪽의 표처럼 1, 2, 4, 8… 이런 식으로 숫자가 2배씩 커진다고 생각해 본다면, 8은 8의 자릿수에서만 1이 들어가니까 이진법으로 나타내면 1000, 64는 64의 자릿수에만 1이 들어가니까 1000000이 되지. 8이나 64는 십진법을 쓰는 인간에게는 어중간해 보이는 숫자지만, 이진법을 쓰는 컴퓨터에게는 딱 떨어지는 아주 깔끔한 숫자인 셈이야.

그런데 컴퓨터는 왜 이진법을 쓸까? 그 이유는 컴퓨터에게는 이진법 사용이 편리하기 때문이야.

컴퓨터를 움직이는 데는 전기가 필요해. 컴퓨터 안에는 전기가 흐르거나 흐르지 않게 하기 위한 전환 스위치 같은 것이 많은데, 컴퓨터는 이 스위치를 잘 조절하며 움직이지. 하지만 불편하게도 전기는 흐르는 도중에 '노이즈'라고 하는 쓰레기 때문에 전기를 흘리려고 하는 힘, 즉 전압이 살짝 변하는 일이 있어.

이진법은 전압이 중간에 1에서 0.9나 0.7로 변하더라도 일정 전압 이상은 1로,

그렇지 않은 전압은 0으로 단순화해서 계산할 수 있어. 그렇지만 십진법은 전압이 1이면 10, 0.9면 9… 이런 식으로 하나하나 대응하기 때문에 도중에 전압이 1에서 0.9로 변하면 계산 결과가 바뀔 수밖에 없지.

그러니까 컴퓨터가 이진법을 쓰는 이유는 정확하면서도 간단하게 계산하기 위해서야.

로봇의 메시지

로봇이 우리를 보며 무언가를 알려 주려고 해요. 하지만 로봇은 0과 1만으로 이야기하기 때문에 알아듣기가 어렵군요. 글자가 적힌 숫자 해독표와 로봇의 배에 불이 들어온 숫자를 잘 비교해 보며 로봇이 하려는 말을 이해해 봅시다.

```
0000111
0011111
1110000
0000001
0111100
0011100
0011111
0000000
0001111
0111111
0001100
0001110
0110000
0000010
0011110
0011111
1110000
```

해독표

공백	ㄱ	ㄴ	ㄷ	ㄹ	ㅁ
0000000	0000001	0000010	0000011	0000100	0000110
	ㅂ	ㅅ	ㅇ	ㅈ	ㅊ
	0000111	0001000	0001100	0001110	0001111
	ㅌ	ㅋ	ㅍ	ㅎ	
	0010000	0011000	0011100	0011110	
	ㅏ	ㅑ	ㅓ	ㅕ	ㅗ
	0011111	0100000	0110000	0111000	0111100
	ㅛ	ㅜ	ㅠ	ㅡ	ㅣ
	0111110	0111111	1000000	1100000	1110000

'배'는 0000111 0011111 1110000이 되겠지?

정답은 다음 페이지에

정답

배고파 충전해

표를 보면서 '0000111'은 'ㅂ', 다음 '0011111'은 'ㅏ', '1110000'은 'ㅣ', 이런 순서로 읽어 나가다 보면 "배고파 충전해"가 완성됩니다. '000000'은 공백이므로 '파'와 '충' 사이에는 한 칸 띄어쓰기가 되어 있어요.

스승님의 해설 코너: 글자 깨짐 현상

스승님, 컴퓨터가 가끔 이럴 때가 있어요.

 응? 어디 보자. 아, 이거 글자가 다 깨졌구나.

글자가 깨졌다고요?

그래. 앞서 본 문제에서 글자와 0, 1의 조합이 짝을 이루었던 것처럼 컴퓨터는 글자를 이진수 부호로 표현하거든.

맞다, 컴퓨터는 글자를 모른댔죠?

현실에서는 이렇게 표현하는 부호를 '문자 코드'라고 하지. UTF-8이나 EUC-KR처럼 여러 가지 종류가 있는데, 코드, 다시 말해 부호가 다른 종류의 글자를 주고받으면 글자가 깨지는 거란다.

아, 아래의 예를 보니까 정말 UTF-8에서 쓴 '강아지'가 EUC-KR에서는 읽을 수 없는 글자가 됐네요!

맞아. 만약 컴퓨터상에서 글자가 깨졌다면 문자 코드를 한번 확인해 보렴.

예)

강아지

?⊠?⊠

Q04

이상한 종이

0과 1만 적혀 있는 이상한 종이를 발견했어요. 자료가 보여 주는 것처럼 이 종이는 그림을 숫자 0과 1로 바꿔 놓은 것 같아요. 그렇다면 이 종이에 원래 그려진 건 어떤 그림이었을까요? 함께 생각해 봅시다.

이상한 종이

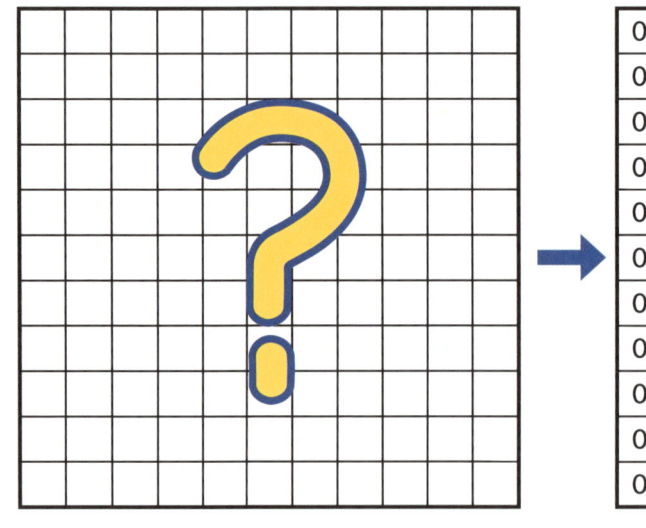

0	0	0	0	0	0	0	0	0	0	0
0	0	0	0	0	1	0	0	0	0	0
0	0	0	0	1	1	1	0	0	0	0
0	0	0	1	1	1	1	1	0	0	0
0	0	1	1	1	1	1	1	1	0	0
0	1	1	1	1	1	1	1	1	1	0
0	0	1	0	0	0	0	0	1	0	0
0	0	1	0	1	0	1	0	1	0	0
0	0	1	0	0	0	0	0	1	0	0
0	0	1	1	1	1	1	1	1	0	0
0	0	0	0	0	0	0	0	0	0	0

자료

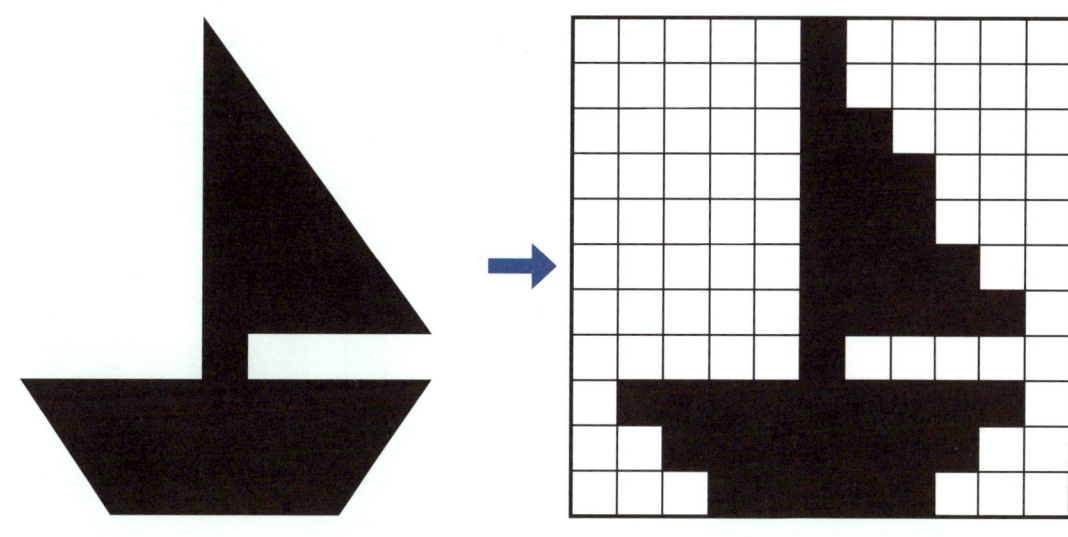

색이 칠해진 칸과 숫자의 관계에 주목해 보렴.

정답은 다음 페이지에

정답

색이 칠해진 부분이 '1', 칠해지지 않은 부분이 '0'으로 바뀌어 있으므로 '1'이 적힌 칸을 색칠하면 원래 그림을 다시 그릴 수 있어요.

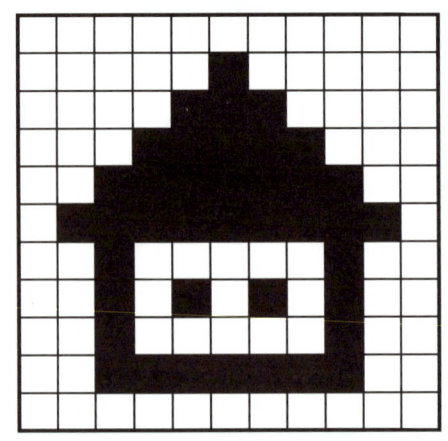

스승님의 해설 코너: 수많은 작은 네모가 모여 만드는 컴퓨터 속 그림

깜짝 퀴즈! 이건 무슨 사진일까?

모르겠어요. 그냥 색색깔의 네모가 모여 있는 것 아닌가요?

그럼 이렇게 보면 어때?

와, 새네요!

그래, 이건 뜸부기라는 새야. 문제에서처럼 컴퓨터는 그림을 '픽셀' 또는 '화소'라고 하는 작은 네모들로 나타내지. 첫 번째 사진에서는 가로와 세로에 각 10개씩 모두 100개의 네모가, 두 번째 사진에서는 가로세로 각 500개씩 모두 25만 개의 네모가 사용되었단다.

네모가 많이 모일수록 더 선명한 사진이 되네요?

그렇지. 이 네모가 얼마나 많이 모였는지 알려 주는 걸 '해상도'라고 해.

도전 레벨업
다시 한번 만화책을 정리하자

다시 만화책 시리즈를 책꽂이의 첫째 칸에 정리해 넣기로 했어요. 메모를 보고 다음 질문에 답해 봅시다. 정리가 필요한 만화책은 추리 만화 1권, 모험 만화 2권, 역사 만화 4권, 이야기 만화 8권, 공포 만화 16권이에요.

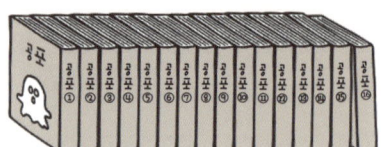    

메모

- 책꽂이 한 단에 넣을 수 있는 만화책은 총 25권.
- 만화책 두께는 모두 같다.
- 책꽂이는 한 단만 비어 있으니, 여기에 만화책을 넣을 수 있을 만큼 넣는다.
- 시리즈는 반드시 전체를 함께 넣어야 한다.
- 책꽂이에 다 들어가지 않은 만화책은 밖에 놓아둔다.

문제1 메모의 지시에 따라서 만화책을 정리해 넣으려면 어느 시리즈를 넣으면 좋을까요? 골라낸 시리즈를 권수가 많은 순서로 답하세요.

문제2 25를 이진법으로 어떻게 나타낼 수 있을까요? 다음 중에서 옳은 답을 하나 골라 기호로 답하세요.

(가) 10100　　**(나)** 11001　　**(다)** 01111　　**(라)** 11100　　**(마)** 11011

잘 모르겠으면 Q.02를 다시 살펴보자!

정답은 142쪽에

Q05

드론 배달

흰 염소는 드론을 이용해서 물건을 배달합니다. 드론은 방향을 바꾸는 일 없이, 명령에 따라서 앞뒤·양옆으로 한 칸씩 움직여 이동합니다. 그리고 마지막으로 멈춘 자리에 상자를 내려놓습니다.

만약 흰 염소가 다음과 같이 명령한다면 드론은 지도의 (가)에서 (라) 중 어느 집으로 배달할까요? 드론에 대한 명령은 방향 설명서에 따라 숫자로 나타냅니다.

방향 설명서

지도

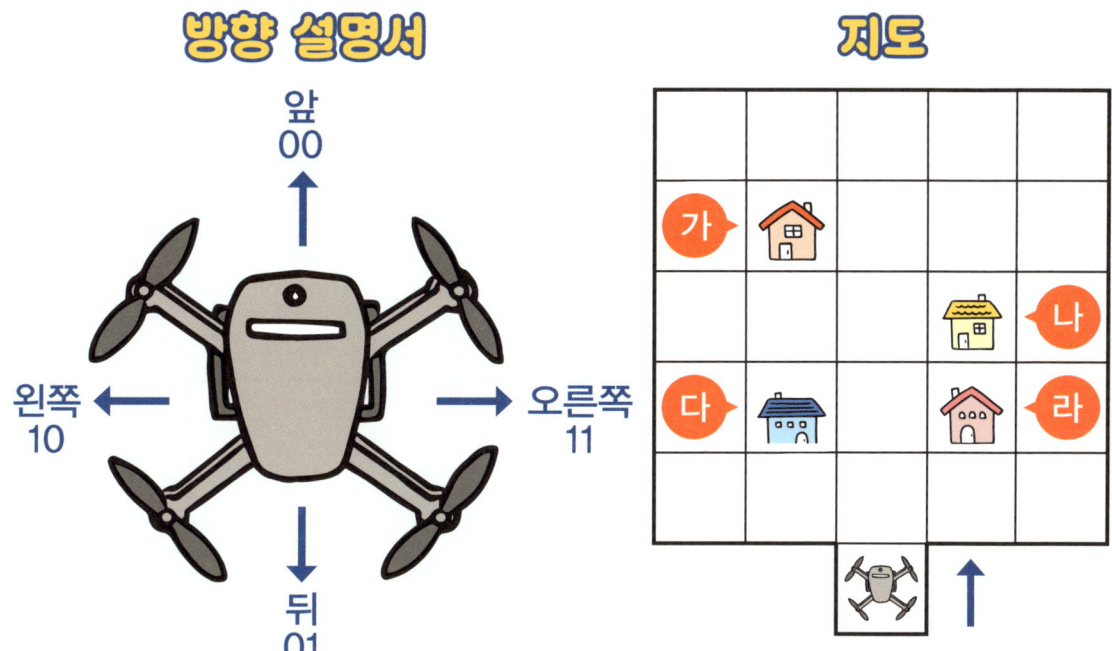

명령

00 00 11 00 00 10 10 01 01

방향 설명서를 보고 명령을 해석해 보자.

정답은 다음 페이지에

(다)

명령은 "앞, 앞, 오른쪽, 앞, 앞, 왼쪽, 왼쪽, 뒤, 뒤"이므로 드론은 아래 그림과 같이 움직입니다. 택배는 마지막 멈춘 자리에 내려놓기로 정해져 있으므로 정답은 (다)입니다.

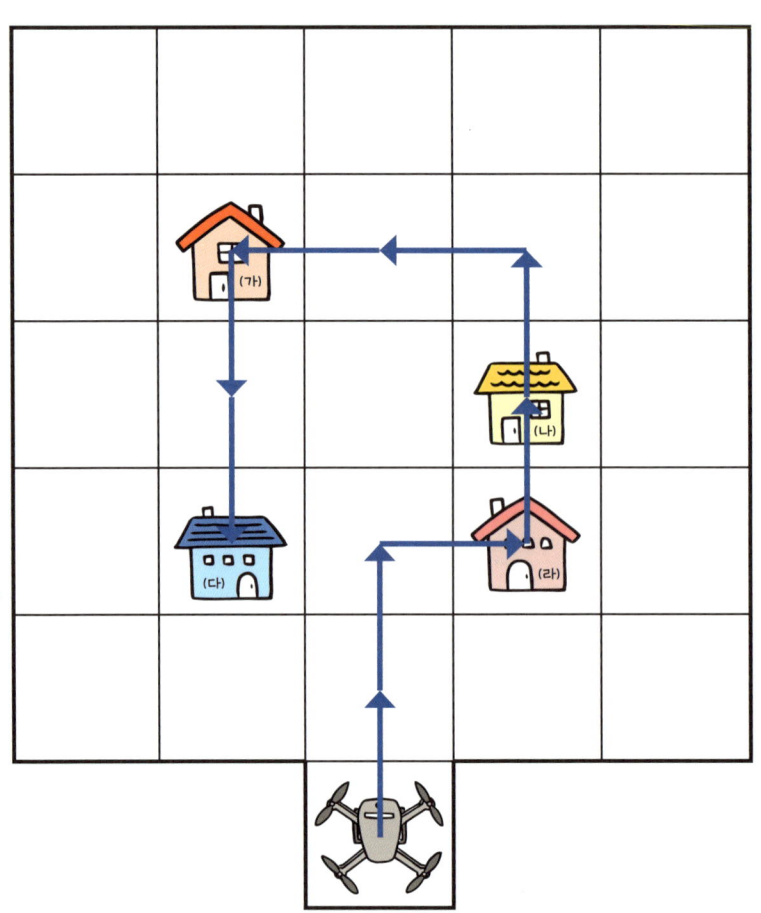

프로그램은 순서가 중요

이번엔 깜짝 질문! 종이학을 접어 볼 수 있겠니?

해 볼게요. 아, 찌그러졌다. 접는 순서가 틀렸나 봐요.

방금 경험한 것처럼 종이접기를 할 때는 접는 순서가 무척 중요하지? 컴퓨터 역시 순차 처리가 아주 중요하단다.

순차 처리요?

그래, 컴퓨터가 명령을 순서대로 하나씩 실행하는 걸 뜻해.

아, 문제에서 드론이 순서대로 이동했던 것처럼요?

바로 그거야. 순차 처리는 컴퓨터의 기본적인 움직임 중 하나지.

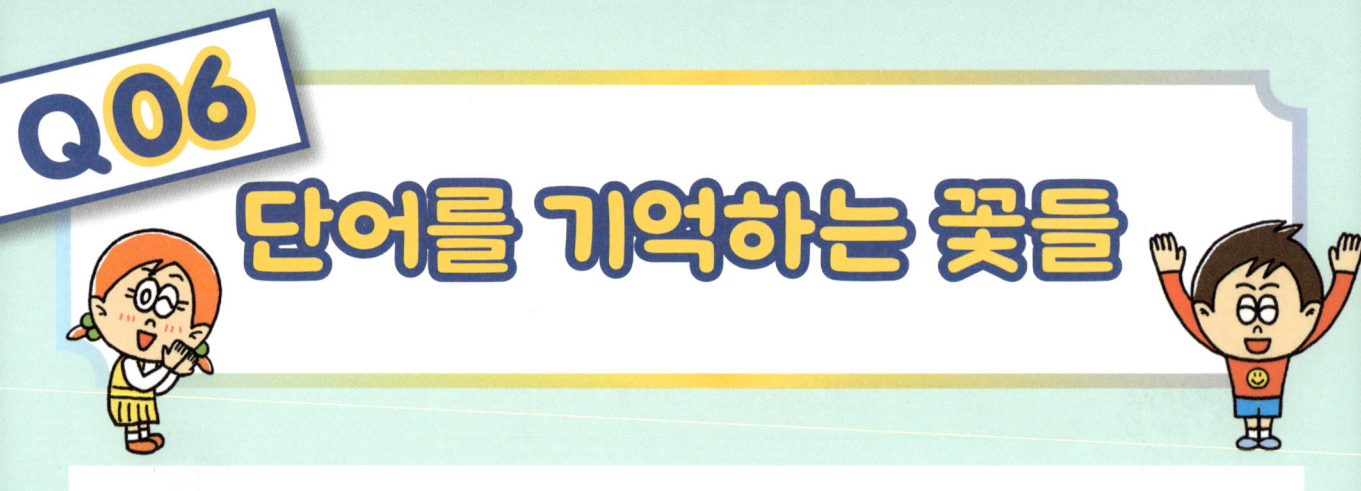

단어를 기억하는 꽃들

토끼네 집에는 단어를 기억하는 꽃들이 산답니다. 꽃들은 규칙에 따라서 단어를 외워 말할 줄 알아요. 이 꽃들에게 각자 '기억할 단어 목록'을 외우게 한 다음, '말하기 순서'에 따라 말하게 하면 어떤 문장이 완성될까요?

규칙

- 꽃들은 단어를 순서대로(위에서 아래로, 왼쪽에서 오른쪽으로) 외운다.
- 기억할 수 있는 단어는 하나뿐이다. 새로 외우면 전에 외운 단어를 잊는다.
- 화살표의 왼쪽에 적힌 꽃이 오른쪽에 적힌 단어를 외운다.
  예) [꽃 1 ← "사과"]라면 꽃 1은 '사과'를 외운다.
- 화살표 오른쪽에 꽃의 이름이 적혀 있다면, 왼쪽에 적힌 꽃은 오른쪽에 적힌 꽃이 기억하는 단어를 외운다.
  예) [꽃 2 ← 꽃 1]이라면 꽃 2도 꽃 1이 기억하는 단어를 외운다.
- 꽃은 앞의 꽃이 말을 마친 후에 말한다.

기억할 단어 목록

꽃 1 ←	"키위"
꽃 2 ←	"의"
꽃 3 ←	"한 종류"
꽃 4 ←	"골드"
꽃 5 ←	"도"
꽃 6 ←	꽃 2
꽃 6 ←	"면 좋겠다."

말하기 순서

| 꽃 1 | 꽃 5 | 꽃 4 | 꽃 1 | 꽃 5 | 꽃 1 | 꽃 2 | 꽃 3 | 꽃 1 | 꽃 5 | 꽃 4 | 꽃 2 | 꽃 3 | 꽃 6 |

정답은 다음 페이지에

정답

키위도 골드키위도 키위의 한 종류 키위도 골드의 한 종류면 좋겠다.

기억할 단어 목록을 보면 꽃들은 각각 다음과 같은 단어를 기억합니다.

	꽃 1	꽃 2	꽃 3	꽃 4	꽃 5	꽃 6
기억하는 단어	키위	의	한 종류	골드	도	면 좋겠다.

꽃 6은 화살표 오른쪽에 '꽃 2'라고 적혀 있으므로 그 순서에서는 꽃 2가 기억하는 '의'를 외우지만, 다음 순서에서 바로 '의'를 잊고 '면 좋겠다.'를 새로 외웁니다.

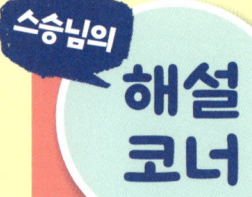

스승님의 해설 코너

변수는 데이터를 잠시 넣어 두는 상자

아앗! 버튼을 잘못 눌러서 게임 포인트가 다 날아갔어! 얼마나 힘들게 모았는데… 처음부터 다시 시작해야겠네.

저런, 안타깝구나. 그런데 너희는 데이터가 '변수'라는 가상의 상자에 일시 저장되기도 하는 걸 아니?

문제에서 꽃들이 하나의 단어를 기억했던 것처럼요?

맞아. 변수 데이터는 일시적으로 저장되었다가 다른 데이터가 들어오면 덮어쓰기 되는 거야.

아래 그림처럼 게임 포인트가 바뀔 때마다 그전까지 저장되어 있던 변수 데이터에 덮어쓰기가 되는 거군요.

그렇지. 변수는 컴퓨터 세계에서는 아주 중요한 개념이니까 잘 기억해 두렴.

Q 07 고양이와 생쥐의 자동차경주

고양이 팀과 생쥐 팀이 자동차 경주를 합니다. 두 팀 모두 계획한 작전이 상대방에게 알려지지 않도록 암호로 메시지를 주고받고 있어요.

그런데 생쥐 팀이 고양이 팀의 대화를 듣다가 암호의 규칙을 알아냈어요. 아래 대화를 듣고, 고양이 팀이 경주 코스의 어느 구간에서 속도를 높일 계획인지 답해 보세요.

대화

카레이서	커 김촌 처미저 르삐키?
스태프	칠 썬치빵 치 썬.
카레이서	칠 썬체저 푸철날따?
스태프	치 썬치 콩뎄처.
카레이서	치 썬체저 푸철날데.

0010 1100

코스

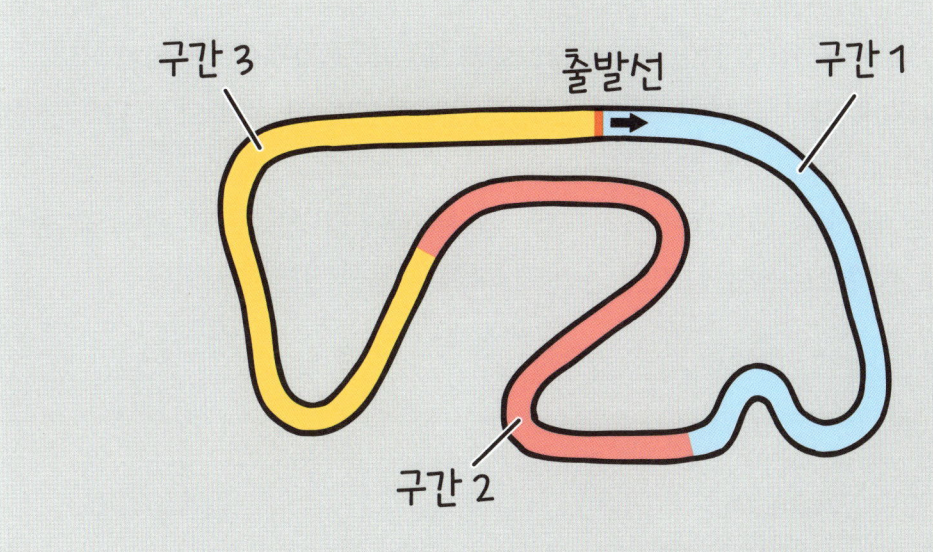

암호의 규칙

- 이 대화는 모든 음절의 첫 자음을 열쇠의 숫자만큼 뒷자리로 밀어서 암호화한다. 고양이 팀의 열쇠는 3이다.

  자음 순서)

  ㄱ ㄲ ㄴ ㄷ ㄸ ㄹ ㅁ ㅂ ㅃ ㅅ ㅆ ㅇ ㅈ ㅉ ㅊ ㅋ ㅌ ㅍ ㅎ (된소리 포함)

만약 열쇠가 1이라면 '자킴'의 원래 단어는 '아침'이겠지.

정답은 다음 페이지에

구간 2

고양이 팀은 원래 말을 열쇠의 숫자만큼 오른쪽으로 밀어서 암호화했어요. 다시 말해 암호문에 적힌 글자의 첫 자음을 열쇠의 숫자만큼 왼쪽으로 당기면 원래 글자로 되돌릴 수 있다는 뜻이죠.

이번에 사용된 열쇠는 3이므로 '커'는 '저', '김'은 '팀', '미'는 '디'와 같이 각 음절의 첫 자음을 왼쪽으로 3칸 당기면 원래의 대화 내용을 알 수 있어요.

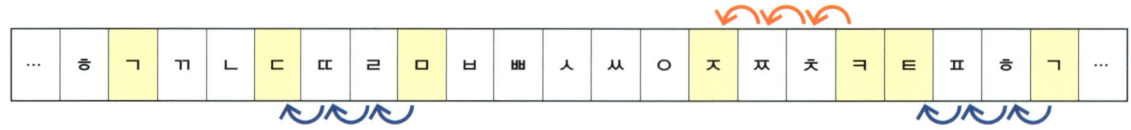

레이서   저 팀은 어디서 느리지?
스태프   일 번이랑 이 번.
레이서   일 번에서 추월할까?
스태프   이 번이 좋겠어.
레이서   이 번에서 추월할게.

고대 로마 장군의 이름이 붙은 암호

스승님의 해설 코너

이 사람 누군지 알지?

으음, 모르겠어요.

고대 로마 시대의 카이사르 장군이야.

그 사람이 왜 나와요?

문제에 나온 것처럼 어떤 문장의 각 글자를 정해진 수만큼 자리 이동을 시켜서 다른 문자로 바꾸는 암호를 '카이사르 암호(Caesar Cipher)', 혹은 '시저 암호'라고 하거든. 카이사르 장군이 사용해서 이런 이름이 붙었다고 해.

카이사르? 시저? 왜 이름이 두 개죠?

카이사르를 영어로는 '시저'라고 읽기 때문이야. 카이사르 암호는 구조가 단순해서 컴퓨터를 사용하면 손쉽게 해독할 수 있기 때문에 주의가 필요해.

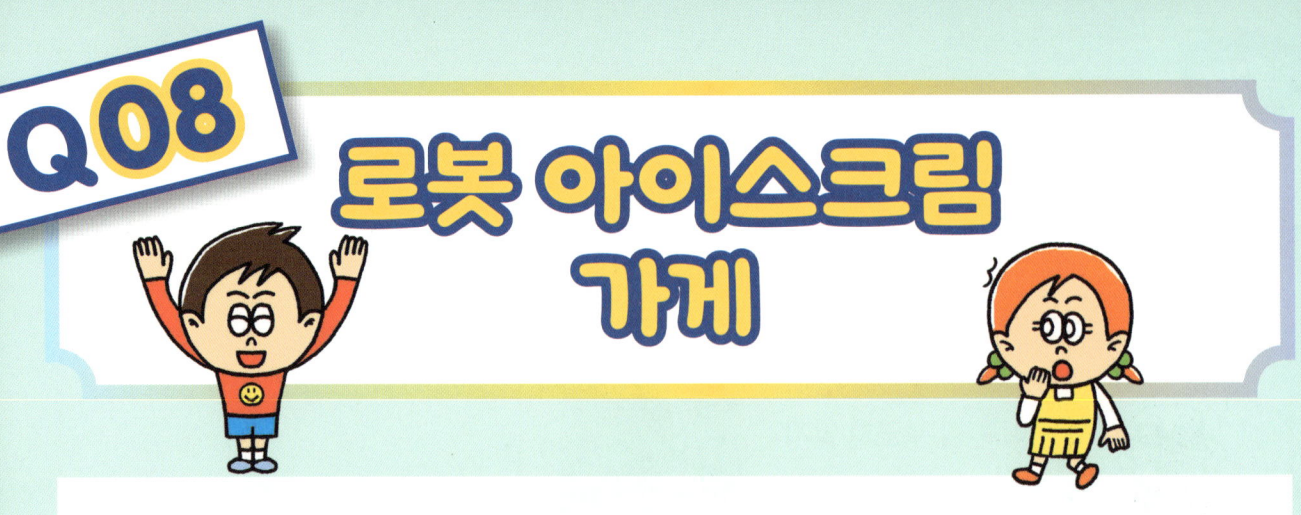

로봇 아이스크림 가게

우리 동네에 로봇이 일하는 아이스크림 가게가 생겼어요. 로봇의 작업 내용은 각자 다 다르답니다.

어느 날, 가게를 찾은 고양이 손님이 받아 든 아이스크림 컵에는 밑에서부터 초코, 바닐라, 바닐라, 알록달록 스프링클이 담겨 있었어요. 고양이가 작업을 부탁한 로봇의 순서를 알아맞혀 봅시다.

로봇의 작업 내용

- 로봇 A는 빈 컵을 받으면 초코, 바닐라 순서로 아이스크림을 담는다.
- 로봇 B는 빈 컵을 받으면 초코 아이스크림을 담는다.
- 로봇 C는 아이스크림이 담긴 컵을 받으면 알록달록 스프링클을 뿌린다.
- 로봇 D는 아이스크림이 담긴 컵을 받으면 바닐라, 바닐라 순서로 아이스크림을 담는다.
- 모든 로봇은 자기 작업이 끝나면 다음 로봇에게 아이스크림 컵을 전달한다.
- 마지막으로 작업한 로봇이 손님에게 아이스크림을 건네 준다.

고양이가 받은 아이스크림

처음에 빈 컵을 받은 로봇은 A 아니면 B 둘 중 하나겠지?

정답은 다음 페이지에

정답

로봇 B, 로봇 D, 로봇 C

처음에 빈 컵을 받은 로봇은 A 아니면 B입니다. A가 받았다면 '초코, 바닐라' 순서로 담았겠지만, 그다음에 연이어 바닐라를 한 스쿱만 더할 수 있는 로봇이 없습니다. 그러므로 B, D, C 순서로 부탁한 것을 알 수 있습니다.

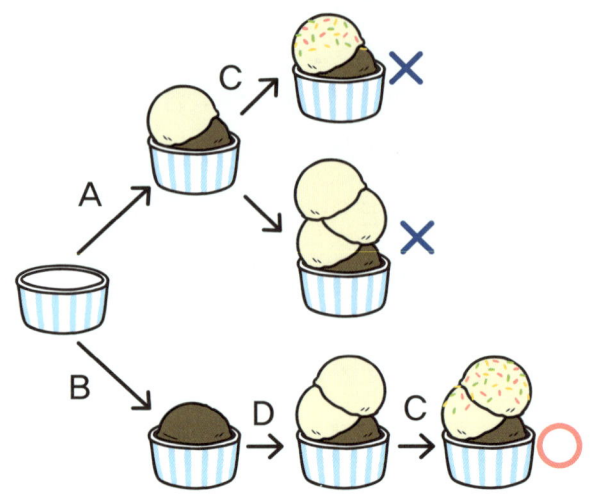

스승님의 해설 코너

컴퓨터를 상대하는 컴퓨터

이 문제에서는 로봇끼리 컵을 주고받았지?

네. 맞아요.

컴퓨터 중에도 '서버'라고 해서, 사람을 상대하는 게 아니라 전 세계에서 접속해 오는 컴퓨터들을 상대하는 기계가 있어.

사람이 쓰는 게 아닌 컴퓨터도 있군요. 컴퓨터끼리는 뭘 하나요?

이쪽 컴퓨터에서 보낸 메일을 저쪽 컴퓨터로 보내 주거나, 웹사이트를 표시해 주는 일 등을 하지.

와아, 그렇구나. 그나저나 스승님, 우리도 아이스크림 먹으러 가요!

아이고, 스크림~!

어휴~. 유치해!

서버가 놓여 있는 서버실. 너무 뜨거워지지 않도록 365일, 24시간 내내 실내 온도를 조절하는 설비와 정전을 대비해 안전하게 전원을 차단하는 장치가 설치되어 있다.

어떤 섬에서 메모와 보물 지도가 발견되었어요! 아마도 메모는 글자 수를 줄여 쓰기 위한 필기법으로 작성된 것 같아요. 메모를 해독해서 (가)에서 (라) 중 어디에 보물이 있는지 기호로 답해 보세요.

필기법

- 똑같은 문장(같은 글자 배열)이 두 번 이상 쓰인다면, 그 글자 배열을 [ ] 안에 넣는다.
- [1]처럼 [ ] 안에 숫자를 넣어 표시한다. [1]은 "처음 나온 [ ] 안의 글자 배열과 같다"는 뜻이다.
- 글자 배열은 2글자 이상이어야 한다.

예)
"곰돌이와 토깽이가 있었습니다. 곰돌이는 토깽이와 학교에 갔습니다." →
"[곰돌이]와 [토깽이]가 있었습니다. [1]은 [2]와 학교에 갔습니다."
[1]은 처음 나온 '곰돌이', [2]는 '토깽이'를 나타낸다.

보물 지도

메모

[우리]는 [길을 따라 똑바로 나아갔습니다.]
[졸졸졸] [3] [물소리]가 들렸습니다.
[4]는 [차츰] [5] 가까워졌습니다.
디]는 물가 [앞의 갈림길에서] 오른쪽으로 [향했습니다.]
그대로 [2] 나무 [6] 왼쪽으로 [7]
거기에 보물이 있었습니다.

정답은 다음 페이지에

(가)

[ ]에 들어간 숫자는 몇 번째 [ ]와 같은 말인지를 나타냅니다. 여기에 해당하는 글자 배열을 선으로 묶어 표시해 보면 메모의 내용이 다음과 같이 정리됩니다. 이 메모의 내용대로 지도를 따라가 보면 (가)가 정답인 것을 알 수 있습니다.

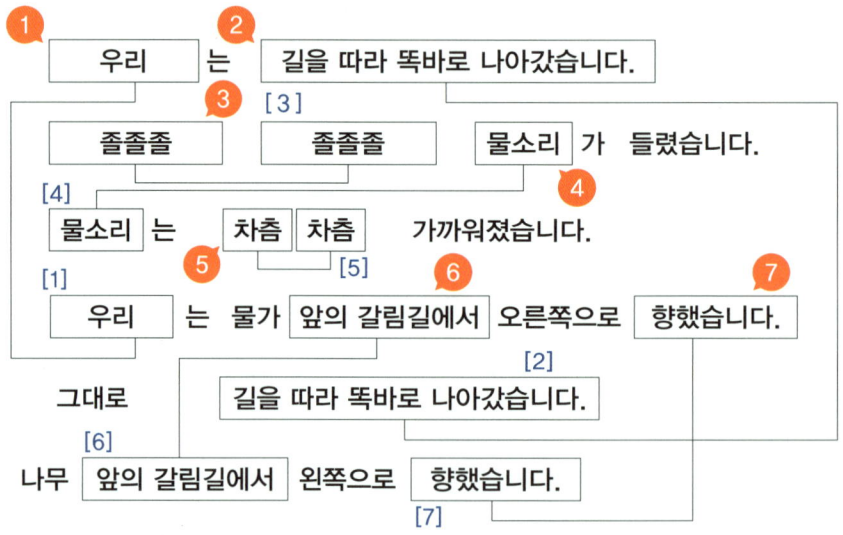

압축은 데이터를 한데 묶는 것

스승님의 해설 코너

사과랑 사과랑 사과랑 사과 주세요!

네?

실제로 과일 가게 주인에게 이렇게 말하면 주인은 황당하겠지? 보통은 "사과 4개 주세요!"라고 묶어서 말하니까 말이야.

그럼요. 하나로 묶어서 말하는 게 훨씬 나아요.

이렇게 컴퓨터에도 파일 안의 같은 부분을 하나로 묶는 '압축'이라는 방법이 있지.

이 문제에서 같은 말을 한 뭉치로 묶었던 것처럼 말이죠?

그래. 압축은 문장을 쓸 때 앞서 설명한 단어를 '이것'이나 '그것', 또는 '그 사람'처럼 지시어로 바꾸어서 문장의 글자 수를 줄이는 일과 비슷하지. 압축하면 데이터량이 줄어들어서 보다 많은 데이터를 기록, 저장, 송신할 수 있거든.

퀴즈 압축한 데이터를 원래대로 되돌릴 수 있을까?

Q.09에서 등장한 압축에는 세세한 부분까지 똑같이 되돌릴 수는 없는 '손실 압축'과 원래대로 온전히 되돌릴 수 있는 '무손실 압축', 이렇게 2가지 방식이 있어.

손실 압축은 주로 음악이나 동영상, 사진에 사용돼. 사람의 눈과 귀로 잘 구별하지 못하는 부분을 깎아 내서 데이터의 크기를 줄이는 방법이야. 그래서 한번 깎여 나간 부분은 원래대로 되돌릴 수가 없어. 하지만 사람은 잘 알아차리지 못하는 부분을 깎아 내기 때문에 깎이기 전과 큰 차이를 느끼지 못하고 보거나 들을 수 있지. 그래도 데이터를 너무 많이 깎아 내면 원래 데이터와 눈에 띄게 큰 차이가 생길 수 있으니 주의가 필요해.

압축 전 사진(왼쪽)과 손실 압축된 사진(오른쪽). 자세히 보면 왼쪽이 훨씬 선명해.

무손실 압축 방법으로는 Q.09에서처럼 '반복 사용되는 글자 배열을 묶어서 나타내는 방법'이나 'AAABBCCCCC'를 'A3, B2, C5'처럼 연속되는 같은 데이터의 수를 숫자로 묶어 나타내는 '런 길이 부호화'가 있어.

여기서 퀴즈! 런 길이 부호화로 압축된 'A1, B2, C3, D2'를 원래의 배열로 되돌리면 어떤 알파벳 배열이 나타날까?

정답은 142쪽에

살짝 어려운?!
레벨 2

라우팅, 트리 구조, 함수…. 레벨 2에서는 컴퓨터에 관한
다양한 이야기가 등장해. 물론 전부 이해하지 못해도 괜찮아.
외우려고 하기보다는 재미있게 문제를 풀어 보자.
단, 이제부터는 문제가 조금 어려워질 테니까
문제와 자료를 찬찬히 잘 읽어 보렴.

커다란 선물

다람쥐는 고양이와 강아지에게 그림을 보내기로 했어요. 그런데 그림이 너무 커서 우선 5개의 조각으로 나눈 다음, 발송 매뉴얼에 따라서 보내기로 했답니다. 고양이와 강아지가 택배를 받아 각자의 집에서 다시 붙여서 볼 수 있게 말이에요. 다람쥐가 보낸 택배를 다시 붙이면 각각 어떤 그림이 완성될까요?

택배

받는곳	줄번호					
강	5					
고	2	■			■	
고	4	■			■	■
고	3		■		■	
강	1					
고	5		■	■		
강	4	■			■	
강	2		■			
고	1	■	■	■	■	
강	3	■		■		■

조각

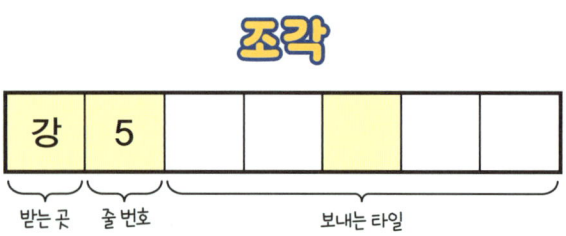

받는곳 / 줄번호 / 보내는 타일

발송 매뉴얼

- 고양이네 집으로 보내는 택배는 '고', 강아지네 집으로 보내는 택배는 '강'으로 표시한다. 로봇은 택배에 부착된 표시를 보고 받는 곳에 가까이 있는 로봇에게 전달한다.
- 줄 번호는 위에서부터 몇 번째 줄에 놓는 조각인지를 나타낸다.

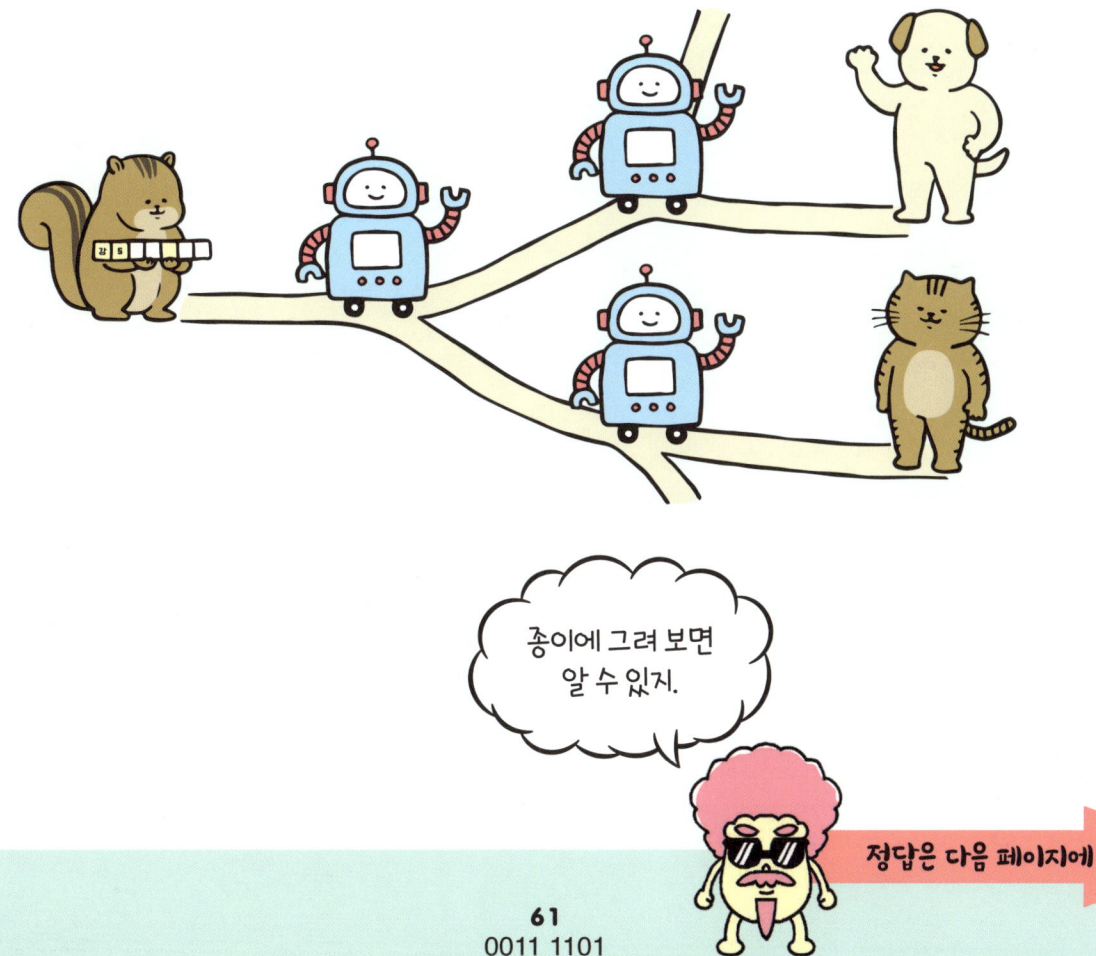

종이에 그려 보면 알 수 있지.

정답은 다음 페이지에

정답

받는 곳 표시를 보고 고양이 집으로 보내는 조각들과 강아지 집으로 보내는 조각들을 나눈 다음, 줄 번호에 따라서 맨 윗줄부터 순서대로 1에서 5까지 배열합니다. 그러면 각각 오른쪽과 같은 그림이 완성됩니다.

고양이

강아지

스승님의 해설 코너

데이터를 작게 나눠 보내기

이 문제는 마치 퍼즐 맞추기 게임 같아요.

그렇지? 문제에서 조각은 '패킷(packet)'을 의미해.

재킷이요?

아니, 패킷! 컴퓨터가 네트워크를 통해서 데이터를 보낼 때는 데이터를 통째로 보내는 게 아니라 잘게 조각을 내서 보내거든. 이렇게 조각낸 하나하나의 데이터를 패킷이라고 하지. 패킷에는 규칙에 따라서 '누가 보냈는지' 혹은 '어디로 보내는지' 따위의 정보를 첨부한단다.

아, 문제에서 조각 그림에 받는 곳이랑 줄 번호를 붙인 것처럼 말이죠?

옳지, 잘 이해했구나. 패킷을 전달받은 컴퓨터는 그걸 다시 맞춰서 원래의 데이터로 되돌리는데, 이때 만약 오류가 있다면 잘못된 패킷만 다시 요청해서 받을 수 있지.

잘게 조각낸다

받는 곳 등의 정보를 붙여서 보낸다

받으면 원래 상태로 되돌린다.

→

→

패킷의 개념

피자 배달

강아지와 고양이는 각자의 집으로 피자를 배달시켰어요. 배달원은 지도 곳곳에 있는 길 안내 로봇에게 길을 확인하며 배달합니다. 로봇의 안내에 따라 나아가면, 배달원이 강아지와 고양이의 집에 도착하는 데 각각 몇 분이 걸릴까요? 배달은 모두 로봇 A가 있는 지점부터 시작합니다.

로봇의 안내

- 길을 묻는 질문을 받은 로봇은 어느 로봇에게 가야 배달받을 집을 안내해 줄지 알려 줍니다. ★은 길을 물으면 그 집으로 바로 데려다준다는 표시입니다.
- 원 안의 숫자는 그 길로 가는 데 몇 분이 걸리는지를 나타냅니다.
  예) 로봇 A는 "강아지 집에 간다면 로봇 D에게", "고양이 집에 간다면 로봇 C에게" 가라고 안내합니다.

지도

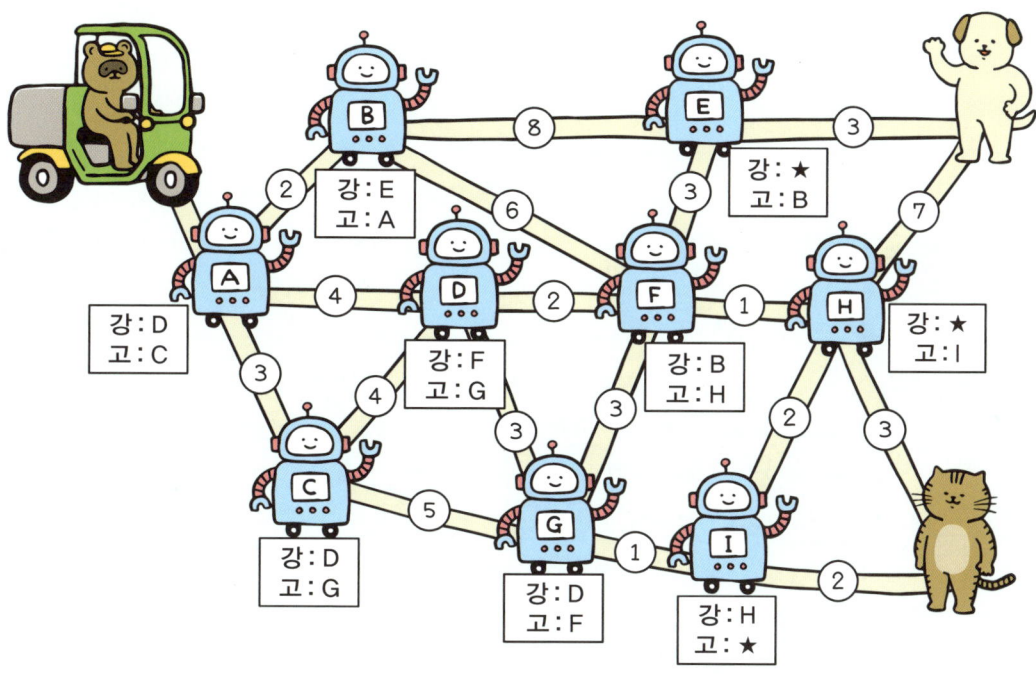

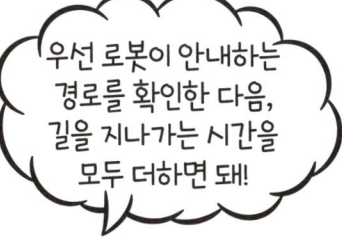

우선 로봇이 안내하는 경로를 확인한 다음, 길을 지나가는 시간을 모두 더하면 돼!

정답은 다음 페이지에

강아지 : 23분   고양이 : 16분

로봇의 안내대로 나아가면 아래와 같은 경로가 나오므로, 지나가는 길에 표시된 숫자를 더하면 정답이 나옵니다.

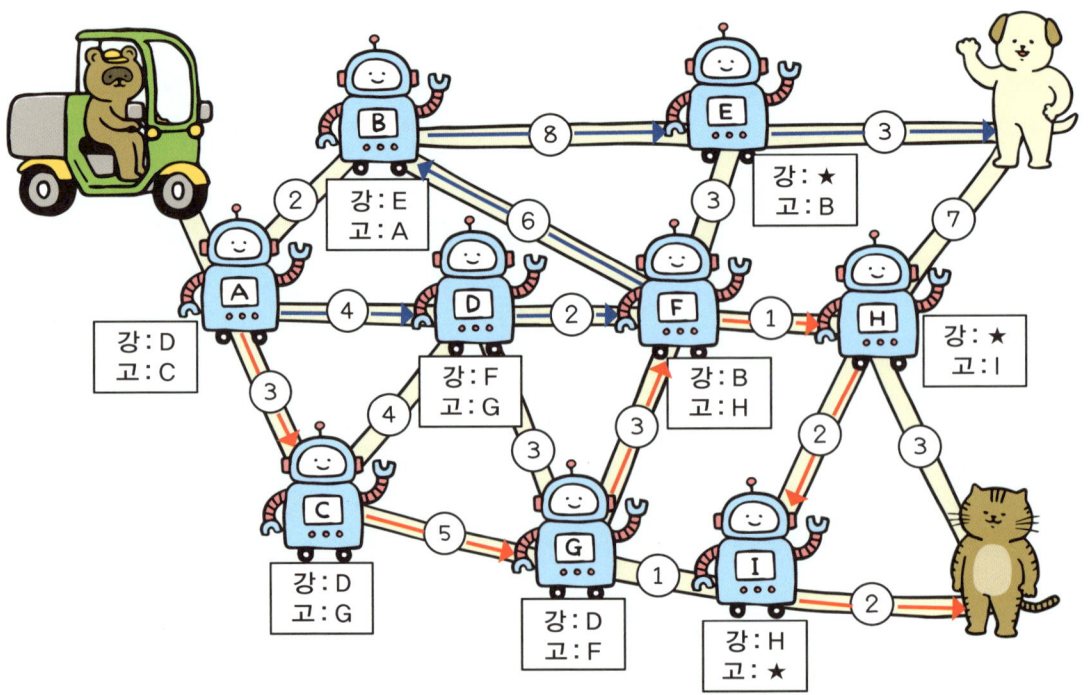

스승님의 해설 코너: 인터넷에 연결하기 위해서 필요한 기기

레벨 2

 이렇게 생긴 기계 본 적 있니?

 이게 뭐예요?

 이건 '라우터(router)'야. 데이터를 보낼 때 길 안내를 해 주는 역할을 하지. 그걸 '라우팅(routing)'이라고 하고.

우리 집에도 좀 다르게 생겼지만 인터넷 공유기가 있어요. 이 문제에서는 로봇이 라우팅을 했던 셈이네요.

 그렇지. 앞에서 배운, 데이터를 보낼 때 잘게 조각낸 하나하나의 데이터를 뭐라고 했는지 기억하니?

재킷이요!

 패킷이라구!

Q12 로봇이 지나가는 길

다람쥐가 걸어서 이동하는 로봇을 만들었답니다. 다람쥐는 로봇에게 '주황색 점무늬', '초록색 줄무늬', '노란색 별무늬'가 그려진 길을 걷게 하려고 해요. 순서도라고 하는 그림과 그 설명이 적힌 표의 내용에 따라서 로봇이 움직인다면, 로봇은 출발점에서 도착점까지 가는 동안 주황색 점무늬 칸에서 모두 몇 번을 멈출까요?

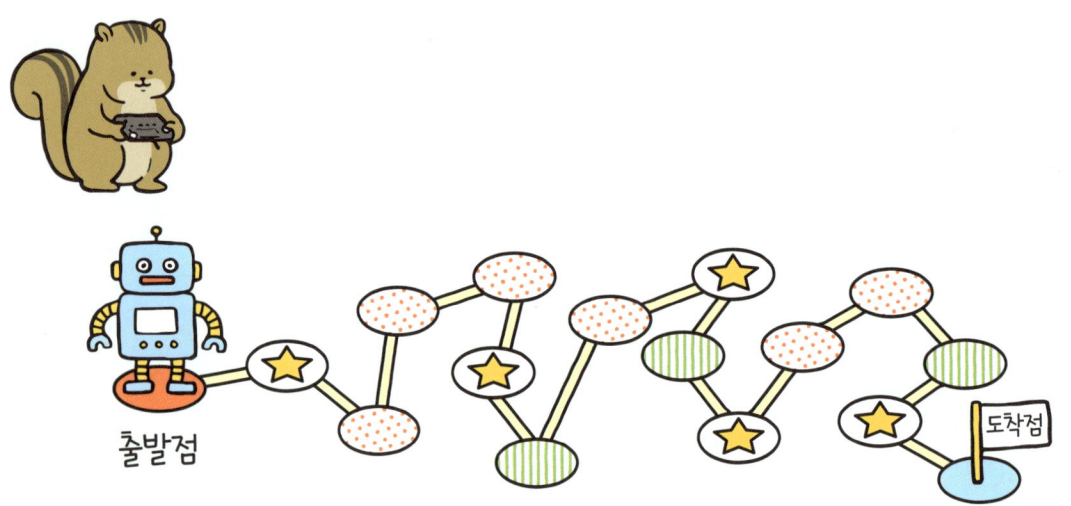

표

도착점에 도착할 때까지 / 여기까지	도착점에 도착할 때까지 '도착점에 도착할 때까지'와 '여기까지' 사이에 놓인 명령을 반복합니다.
지금 있는 칸은 점무늬인가? (네 / 아니요)	마름모꼴 도형은 조건을 나타냅니다. "지금 있는 칸은 점무늬인가?"라는 조건에 해당한다면 '네' 화살표 쪽의 명령을, 해당하지 않는다면 '아니요' 화살표 쪽의 명령을 실행합니다.
2칸 앞으로	로봇이 2칸 앞으로 나아갑니다.
1칸 앞으로	로봇이 1칸 앞으로 나아갑니다.

순서도

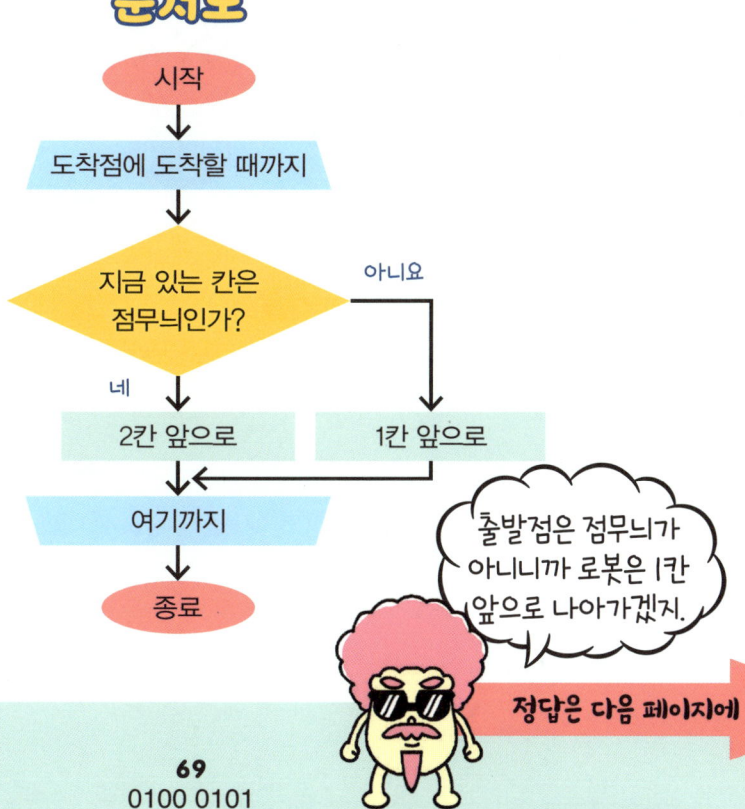

출발점은 점무늬가 아니니까 로봇은 1칸 앞으로 나아가겠지.

정답은 다음 페이지에

4번

도착점에 도착할 때까지 로봇은 빨간 동그라미 표시가 된 칸에 멈춥니다. 그중에서 주황색 점무늬 칸은 모두 4개입니다.

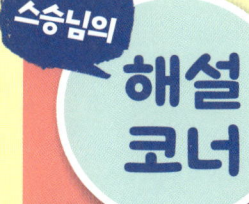

프로그램을 그림으로 나타내기

요즘 학교에서 프로그래밍을 배우는데, 프로그램 내용을 읽는 게 너무 어려워요.

그림으로 나타내면 프로그램의 흐름이 한눈에 보여 이해가 한결 쉬워지지. 이런 그림을 순서도라고 해.

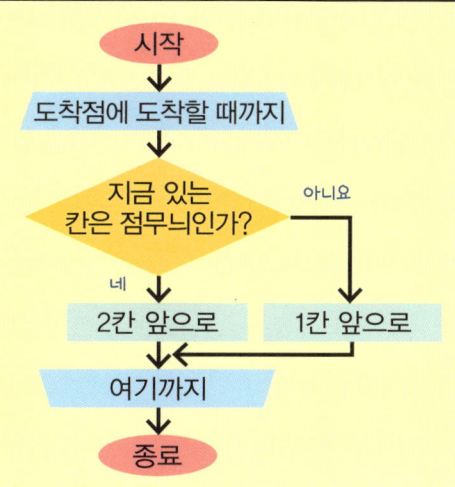

아, 문제에 나왔던 그림이네요.

프로그램은 화살표 방향을 따라서 위에서 아래로 진행되고, 각각의 도형마다 의미가 있단다. 자주 나오는 그림이니까 알아 두렴.

Q13

스트링아트

고양이는 실을 가지고 예술 작품을 만들어요. 만약 실이 움직여도 나중에 다시 만들 수 있도록 방법도 정해 두었답니다. 이 방법에 따라서 적어 두었던 메모로 다시 작품을 만들면, 완성된 실은 다음의 (가)에서 (라) 중 어떤 모양일까요?

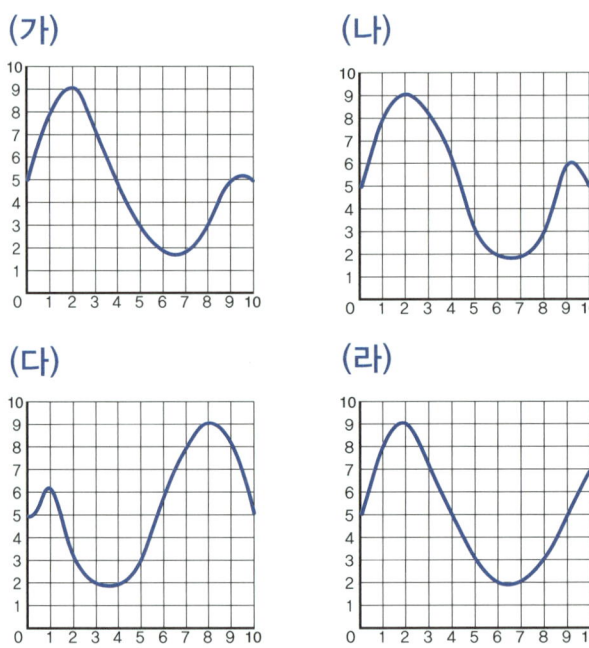

방법

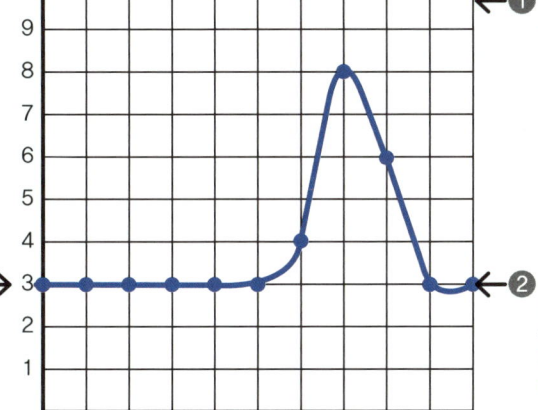

① 가로세로 눈금이 그려진 모눈종이를 준비한다.

② 0부터 가로줄 순서대로, 실과 가장 가까운 '가로줄과 세로줄이 교차하는 지점'에 점을 찍어 표시한다.
예: (이 점은) 가로가 10일 때 세로가 3.

③ 점을 찍은 자리의 세로줄 숫자를 메모한다. 3, 3, 3, 3, 3, 3, 4, 8, 6, 3, 3

메모

5, 8, 9, 8, 6, 3, 2, 2, 3, 6, 5

정답은 다음 페이지에

(나)

메모된 숫자는 세로줄의 숫자예요. 가로가 0일 때 세로가 5, 가로가 1일 때 세로가 8…. 이 순서대로 찍은 점의 모양에 맞춰 실을 연결시키면 (나) 모양으로 완성돼요.

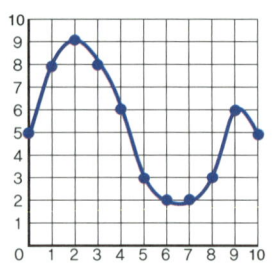

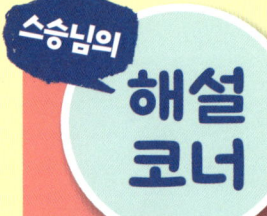

디지털화의 3가지 흐름

소리가 어떻게 전달되는지 아니?

공기가 진동되어 전달되지 않나요?

맞아, 그럼 컴퓨터는 어떻게 소리를 인식할까?

74
0100 1010

마이크를 통해서요!

그렇단다! 컴퓨터는 공기 진동의 크기를 전압으로 바꾼 다음 '표본화', '양자화', '부호화'하지. 이걸 '디지털화'라고 해.

아래 그림을 보니 알겠어요. 문제에 나온 실이 진동이고 메모된 숫자가 양자화된 수치였군요?

맞아. 그리고 컴퓨터는 0과 1을 쓰니까 컴퓨터로 다룰 수 있는 데이터로 만들기 위해서 숫자를 이진법으로 바꿔 주는 거란다.

표본화(샘플링이라고도 해)

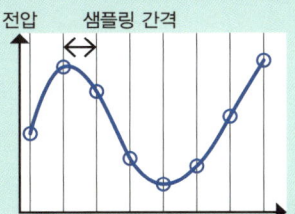

소리 진동의 파형을 일정 시간 간격(샘플링 간격)으로 구분해서, 시간별로 파형의 높이를 추출한다.

양자화

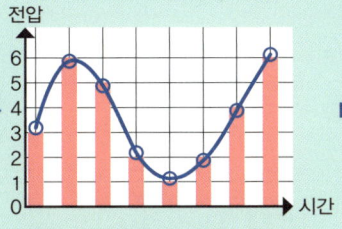

파형의 높이를 일정한 간격으로 구분해서, 추출한 수치와 가장 가까운 수치를 구한다.

부호화

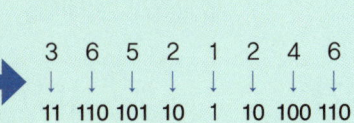

양자화한 수치를 이진법 수치로 바꾸어 표시한다.

스트링아트를 따라 해 보자

생쥐도 고양이를 따라서 스트링아트에 도전해 보았습니다. 방법은 73쪽의 내용과 같아요. 잘 읽고 다음 문제에 답해 보세요.

메모

4, 6, 4, 2, 1, 3, 1, 5, 2

문제1 생쥐가 완성한 스트링아트는 어떤 모양일까요? 메모를 잘 보고 아래에서 골라 보세요.

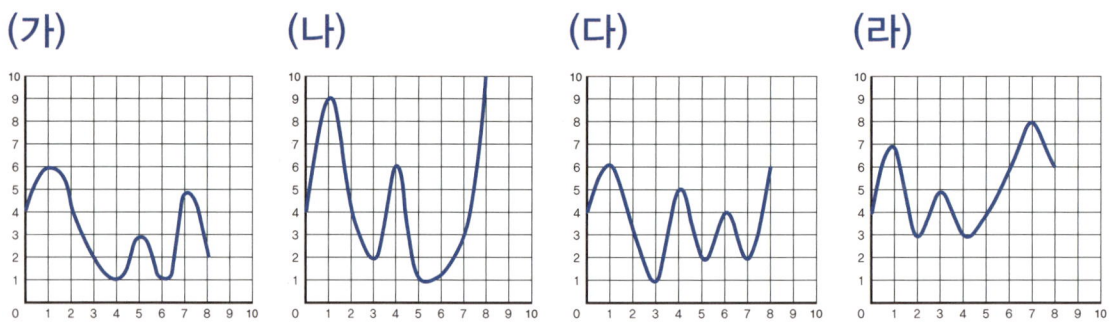

문제2 소리를 디지털화할 때, 컴퓨터는 아래 (1)에서 (3)까지의 작업을 합니다. 각 작업의 이름을 (가)에서 (마) 중에서 고르세요.

(1) 소리 진동의 파형을 일정 시간 간격(샘플링 간격)으로 구분해서, 시간별 파형의 높이를 추출한다.

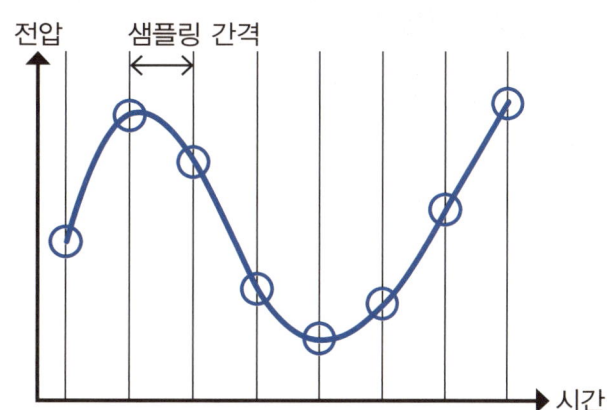

(2) 파형의 높이를 일정한 간격으로 구분해서, 추출한 수치와 가장 가까운 수치를 구한다.

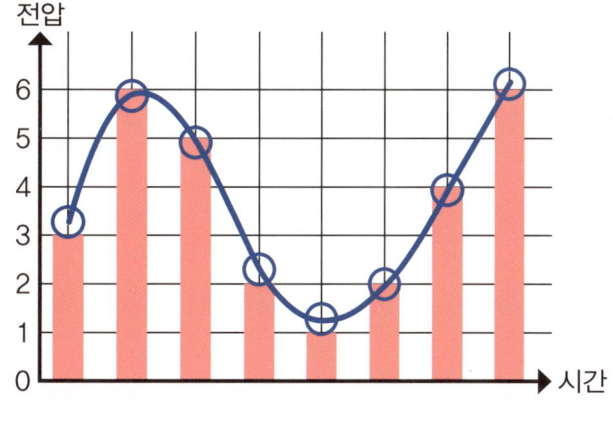

(3) 구한 수치를 이진법 수치로 바꾸어 표시한다.

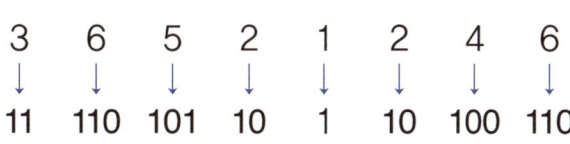

(가) 양자화   (나) 전자화   (다) 표본화   (라) 부호화   (마) 수치화

정답은 143쪽에

Q14

두더지 가족은 여러 갈래로 뚫린 구멍 속에 살고 있어요. 다른 두더지의 방에 찾아갈 때는 규칙에 따라서 먼저 경로를 알린 다음 찾아갑니다.
이때, 아래와 같은 경우는 어떻게 알려야 하는지 답해 봅시다.

문제1 '일더지'가 '삼더지' 방에 갈 때.

문제2 '이더지'가 '일더지' 방에 갈 때.

문제3 '일더지'가 '오더지' 방에 갈 때.

규칙

- 지금 있는 곳에서 어느 방을 지나서 갈지를 /로 구분해서 지정한다.
- 지금 있는 곳에서 하나 위의 방으로 가는 일은 △로 표시한다.
- 지금 있는 곳에서 아래의 방에 갈 때는 방의 이름, 또는 두더지의 이름을 쓴다.

[예] '일더지'가 '사더지' 방에 갈 때는 지금 있는 곳에서 위에 있는 방 C와 방 B을 지나서 아래쪽 방 D로 내려간 다음 사더지의 방에 가므로 '△ / △ / 방 D / 사더지'로 표시해 알린다.

정답은 다음 페이지에

정답

문제1 △ / △ / △ / 삼더지

일더지는 위쪽의 방 C, 방 B, 방 A로 세 개 올라간 다음, 하나 내려가 삼더지의 방에 갑니다.

문제2 △ / △ / △ / 방 C / 일더지

이더지는 위쪽의 방 E, 방 D, 방 B로 세 개 올라간 다음, 방 C로 내려가서 일더지의 방에 갑니다.

문제3 △ / △ / 방 D / 방 E / 오더지

일더지는 위쪽의 방 C, 방 B 두 개를 올라간 다음, 방 D, 방 E로 내려가서 오더지의 방에 갑니다.

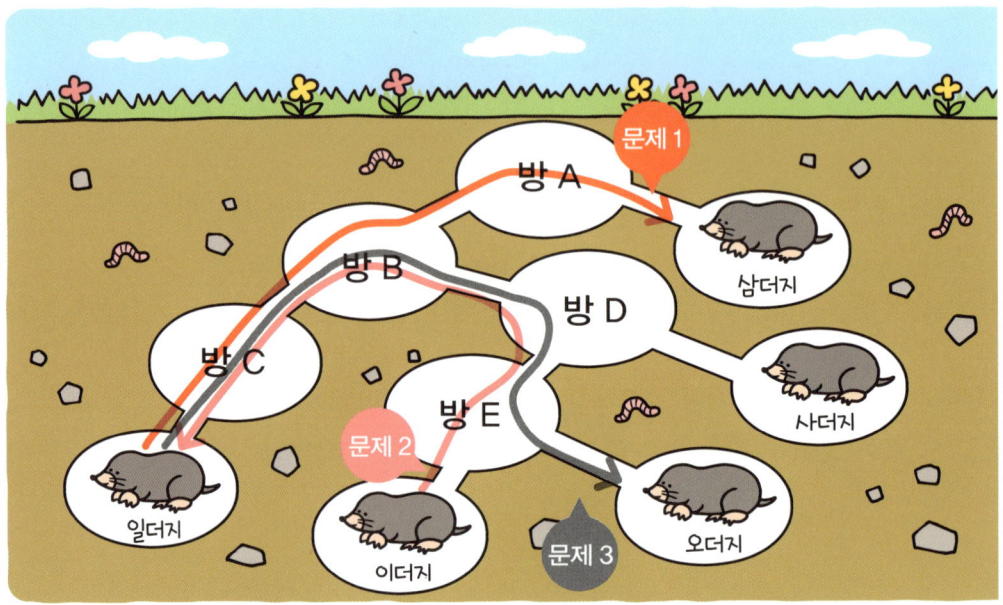

스승님의 해설 코너: 데이터를 나뭇가지 모양 구조도로 관리하기

컴퓨터로 만든 그림이나 문서 파일은 '폴더'라고 하는 보관 장소에 저장되기도 하는 걸 아니?

네, 스마트폰에서 사진을 찍으면 '카메라'라는 이름의 폴더에 저장돼요. 카메라 폴더 안에 또 다른 폴더가 있고요.

그래, 데이터는 그렇게 여러 갈래로 갈라진 '계층 구조'로 관리돼. 나뭇가지처럼 생겨서 '트리 구조'라고도 부르지.

폴더 안에 또 폴더가 있고, 그 안에 또 폴더가 있고… 마치 문제에 나온 두더지네 집 같네요.

그래. 폴더나 파일의 위치를 나타낼 때는 문제에 나온 것처럼 / 또는 ₩ 기호를 사용하지. 아, 그리고 얘들아. 내 사진은 마음껏 찍어도 돼!

됐어요!

사골 라면 사진은 <카메라/라면/사골 라면>처럼 표시한다.

Q15 체육관 이용 요금

우리 동네에는 아침 9시부터 밤 9시까지 이용할 수 있는 체육관이 있어요. 이용 요금은 이용 시간에 따라 정해지고, 계산은 로봇에게 맡긴답니다. 이용한 사람이 입장 시간과 퇴장 시간을 로봇에 입력하면 '요금 계산(입장 시간, 퇴장 시간)'이라는 명령이 실행되어 로봇이 요금을 표시해 주어요.

어느 날, 동물들이 운동회를 하기 위해 체육관을 이용했어요. 입장 시간이 아침 9시 10분, 퇴장 시간이 낮 12시 30분이라면 요금은 얼마일까요?

(가) 20,000원   (나) 15,000원   (다) 10,000원   (라) 5,000원   (마) 0원

명령

이용 시간 ← 퇴장 시간 - 입장 시간
　만약 이용 시간이 9시간 이상이라면
　　　　요금(원) ← 20,000
　그렇지 않고 사용 시간이 6시간 이상이라면
　　　　요금(원) ← 15,000
　그렇지 않고 사용 시간이 3시간 이상이라면
　　　　요금(원) ← 10,000
　그 외의 경우라면
　　　　요금(원) ← 5,000
요금 표시

[예]

오전 10시부터 오후 8시까지 사용했다면
10시간 ← 오후 8시(20:00) - 오전 10시(10:00)
[사용 시간]　　[퇴장 시간]　　　　　[입장 시간]

이므로, 사용 시간이 9시간 이상이기 때문에
요금은 20,000원이다.

※ 요금, 이용 시간, 퇴장 시간, 입장 시간은 변수. 화살표 오른쪽 수를 왼쪽 변수에 넣는다.

정답은 다음 페이지에

(다)

이번 이용 시간은 3시간 20분이므로 10,000원입니다. 또한 체육관의 이용 시간과 요금을 그래프로 나타내 보면 오른쪽 그래프와 같습니다.

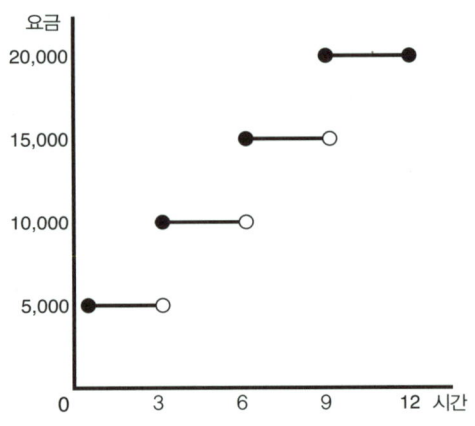

※ 검은 점은 해당 수를 포함함. 흰 점은 포함하지 않음.

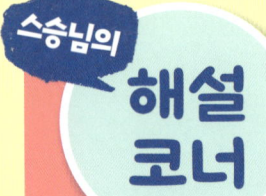

함수는 프로그램의 자동판매기

목이 마르니 자동판매기에서 음료수라도 좀 사 마실까?

치사하게 혼자만요?

아, 너희도 마실래? 내가 사 주마(이번 달도 적자겠군, 어흐흑).

신난다~.

자동판매기를 보니까 떠올랐는데, 프로그램에는 '함수'라는 것이 있어.

함수요?

어떤 수치를 주면 그 수치를 이용해서 처리를 실행하는 명령이지. 무언가를 넣으면 거기에 응답하는 무언가가 나온다는 얘기야.

이 문제에서는 요금을 계산하는 함수가 나왔죠? 듣고 보니 정말 자동판매기 시스템과 비슷하네요.

그렇지! 함수에게 주는 수치를 '인자', 결과를 '리턴값'이라고 해. 문제에 나왔던 '요금 계산(입장 시간, 퇴장 시간)'에서는 입장 시간과 퇴장 시간이 인자, 요금이 리턴값이지.

Q16

기념주화

우리 동네에는 흰색과 검은색 동전을 넣어 기념주화를 만드는 세 종류의 기계가 있어요. 자료 1과 같이 각각의 기계는 하는 일이 달라요. 자료를 잘 읽고 다음 질문에 답해 보세요.

문제1 자료 2처럼 기계를 나열한다면, 흰색과 검은색 중 어떤 색깔의 동전이 만들어질까요?

문제2 기계를 다시 배치해서 문제 1과는 다른 색깔의 동전을 만들어 보려고 해요. 다음 중 올바른 방법은 무엇일까요?

(가) ③ 자리의 기계를 Ⓐ 기계로 교환한다.

(나) ② 자리의 기계를 Ⓐ 기계로 교환한다.

(다) ⑤ 자리의 기계를 Ⓑ 기계로 교환한다.

(라) ④ 자리의 기계를 뺀다.

자료 1

검은색 동전 2개로 검은색 동전 하나를 만든다. 그 외의 색 2개로는 흰색 동전 1개를 만든다.

흰색 동전 2개로 흰색 동전 1개를 만든다. 그 외의 색 2개로는 검은색 동전 1개를 만든다.

흰색 동전을 검은색 동전으로, 검은색 동전을 흰색 동전으로 만든다.

자료 2

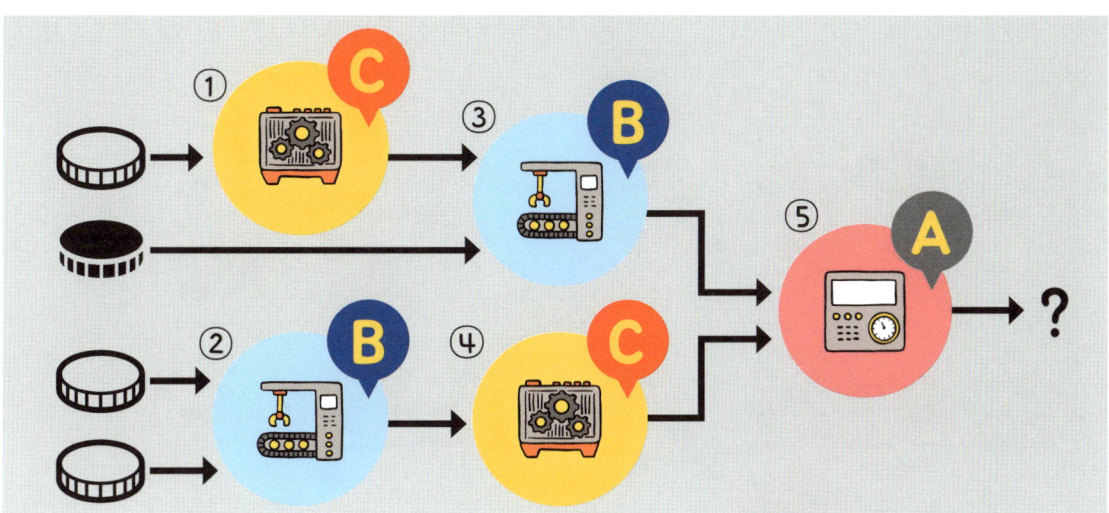

정답은 다음 페이지에

정답

문제1 검은색

자료 설명에 따라 아래 그림과 같이 진행되어 검은색 동전이 만들어집니다.

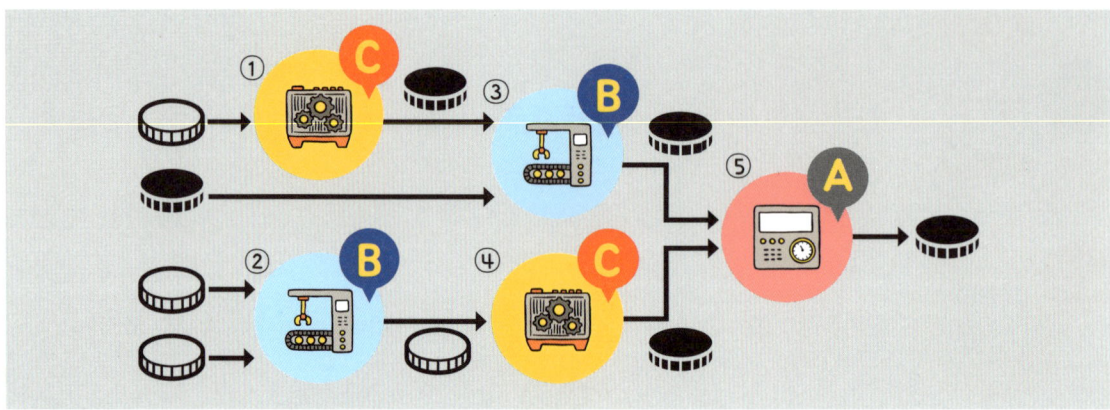

문제2 (라)

아래처럼 하나씩 확인해 보면, 흰색 동전은 (라)에서 만들어지는 걸 알 수 있어요.

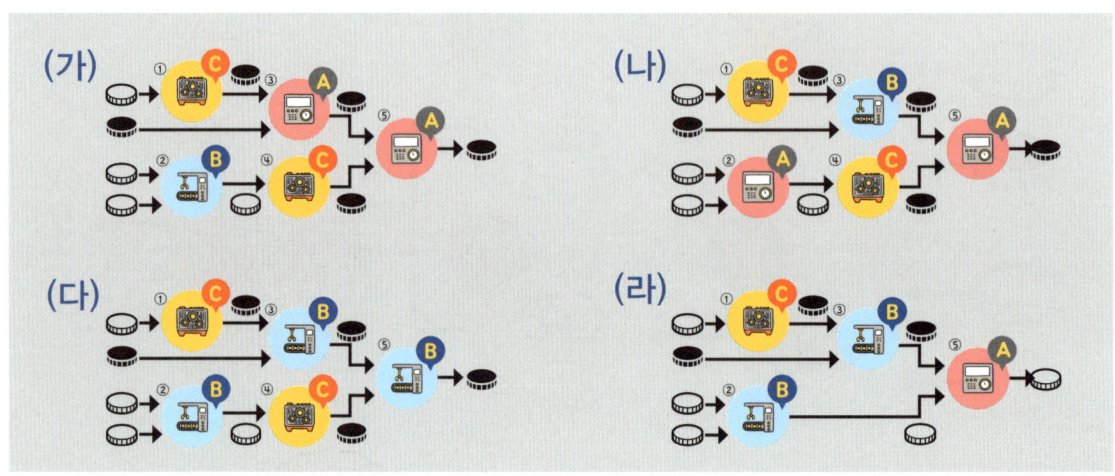

참과 거짓도 '0'과 '1'

스승님의 해설 코너

컴퓨터는 0과 1밖에 모르는데 어떻게 퀴즈 게임의 정답과 오답을 모두 알까요?

레벨 2

사실 컴퓨터는 일정 조건이 올바른지(참), 올바르지 않은지(거짓)를 0과 1로 짝을 지어서 계산해. 이 계산을 '논리 연산'이라고 하는데, 예를 들어 퀴즈에선 정답을 1, 오답을 0과 같이 처리한다는 이야기지.

이 문제에서는 검은색이 참, 흰색이 거짓의 예시였군요?

그래. 그리고 논리 연산에서는 문제의 기계들 예시처럼 여러 가지 조건이 조합된 복잡한 계산이 이루어져.

가르쳐 주세요, 스승님!
우리 생활 속에서 사용되는 논리연산

논리 연산에서는 아래 세 가지 관계가 잘 나오니까, 진리표(Truth table)라는 표를 사용해서 조금 더 설명해 볼게.

1. 논리곱(동시에/AND)

'초등학생이며 동시에 안경을 쓴 사람'과 같이 사용하는 것이 '논리곱'이야. 두 조건에 모두 해당할 때, 즉 둘이 다 1(참)일 때만 1(참)로 인식해.

논리곱(AND)

조건 1	조건 2	결과
0	0	0
0	1	0
1	0	0
1	1	1

두 조건이 모두 1 이라면 결과는 1

2. 논리합(A 아니면 B/OR)

'고기 아니면 생선이 좋아'와 같이 사용하는 것을 '논리합'이라고 한단다. A나 B 둘 중 하나가 조건에 해당할 때, 즉 어느 한쪽이 1(참)이라면 1(참)로 인식해.

논리합(OR)

조건 1	조건 2	결과
0	0	0
0	1	1
1	0	1
1	1	1

조건 중 하나만 1 이라도 결과는 1

3. 논리부정(아님/NOT)

청개구리처럼 1을 0, 0을 1로 인식하는 계산을 논리부정이라고 해.

논리부정(NOT)

조건 1	결과
0	1
1	0

0과 1과 반대로

버스에서 내릴 때는 하차 버튼을 눌러서 알려야 하는데, 이때 버튼 하나를 누르면 차내의 모든 버튼에 불이 들어오지? 이건 '조건을 하나만 충족해도 충분하다'는 논리합의 방식이야. 반면 안전한 사용을 위해서 동시에 2개의 버튼을 눌러야만 작동하는 기계도 있어. 이건 '동시에 모든 조건이 충족해야 한다'는 논리곱의 방식이지. 우리의 일상에서도 이렇게 '동시에'와 'A 아니면 B'와 같은 논리가 사용되고 있어.

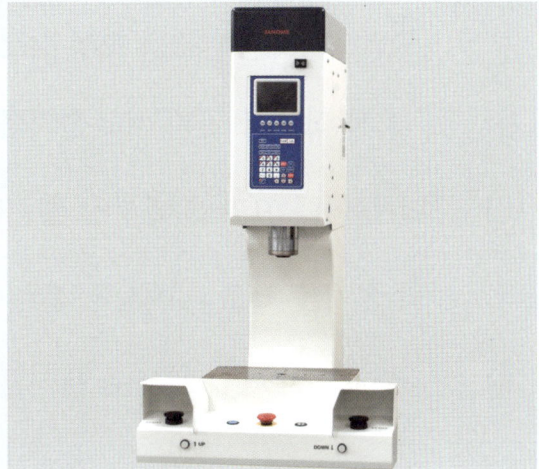

(왼쪽) 버스의 하차 버튼. 하나만 눌러도 차내 모든 버튼에 불이 들어온다.
(오른쪽) 안전을 위해서 양손으로 검은색 버튼을 눌러야만 움직이는 산업용 기계.

도전 레벨업
전기가 통하는 신기한 생물

바다에서 신기한 3종류의 생물이 발견되었어요. 자료를 잘 읽고 다음 질문에 답해 보세요.

문제1 오른쪽 그림과 같이 생물들을 나열한 다음, 위에서부터 첫 번째 줄(①)과 세 번째 줄(③)에서 전기를 흘리기로 했습니다. 전기는 끝까지 흐를 수 있을까요?

문제2 다음 (가)에서 (라) 중, 전기를 끝까지 흘릴 수 있는 방법은 어느 것일까요? 해당하는 번호를 모두 고르세요.

(가) ①, ③에 더해서 ④에서도 전기를 흘린다(②는 끈다).

(나) ①의 전기를 끄고 ③에서만 흘린다.

(다) ③의 전기를 끄고 ①에서만 흘린다.

(라) ①, ③에 더해서 ②에서도 전기를 흘린다(④는 끈다).

문제3 생물 A, B, C는 '논리합(A 아니면 B)', '논리곱(동시에)', '논리 부정(아님)'에 해당합니다. 각각 무엇에 해당하는지 답하세요.

자료

 전기가 양손에 흐를 때만 머리에서 전기를 흘린다.

 전기가 한쪽 손에만 흘러도 머리에서 전기를 흘린다.

 전기가 흘러들면 전기를 차단한다. 흘러들지 않으면 직접 머리에서 전기를 만들어 내보낸다.

그림

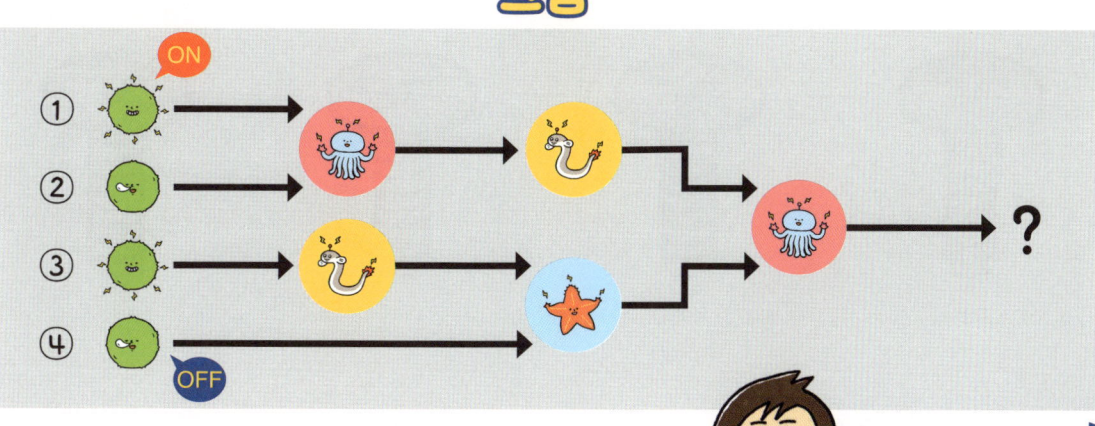

정답은 143페이지

Q17

장난감 공장

RC카와 플라모델 자동차를 만드는 장난감 공장이 있어요. 이 공장에는 비슷하게 생긴 부품이 많아서, 규칙에 따라 부품에 6자리 번호를 붙여서 한데 섞여 있어도 바로 구분할 수 있도록 해 두었습니다.

그러던 어느 날, 실수로 RC카용 나사들 속에 플라모델 자동차용 나사를 떨어뜨리고 말았어요. 떨어진 플라모델용 나사는 다음 중, 무엇일까요?

(가) 331010

(나) 325011

(다) 240201

(라) 250111

규칙

- RC카의 부품 번호는 각 자릿수의 숫자를 더한 수를 2로 나누어, 나머지가 0인 숫자다.
- 플라모델 부품 번호는 각 자릿수의 숫자를 더한 수를 2로 나누어, 나머지가 0이 아닌 숫자다.

예) 120340 → 1+2+0+3+4+0 = 10
→ 10 ÷ 2 = 5 → 나머지가 0이므로 RC카의 부품

120340

정답은 다음 페이지에

(다)

아래와 같이 계산하면 (다)가 정답인 걸 알 수 있습니다.

(가): 3 + 3 + 1 + 0 + 1 + 0 = 8   8을 2로 나누면 나머지는 0

(나): 3 + 2 + 5 + 0 + 1 + 1 = 12   12를 2로 나누면 나머지는 0

(다): 2 + 4 + 0 + 2 + 0 + 1 = 9   9를 2로 나누면 나머지는 1

(라): 2 + 5 + 0 + 1 + 1 + 1 = 10   10을 2로 나누면 나머지는 0

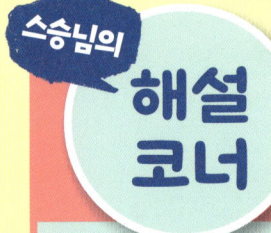

숫자로 데이터가 올바른지 확인

얼마 전에 인터넷에서 만화책을 주문했는데 배송 중에 비를 맞았는지 쫄딱 젖어서 왔지 뭐예요. 힝, 속상해.

그것참, 속상했겠구나. 컴퓨터끼리 교환하는 데이터도 보내는 중에 일부가 올바르게 전달되지 않고 깨질 때가 있어. 데이터가 깨졌는지 안 깨졌는지를 확인하는 것을 '오류검출'이라고 해.

이 문제에서는 나머지 숫자로 오류를 확인한 거네요?

레벨 2

맞아! 문제는 숫자를 다 더한 다음 나눗셈해서 나머지의 숫자를 확인하는 '체크섬'이라는 방식을 바탕으로 설명했어. 이 확인용 숫자를 '체크디짓'이라고 하는데, 체크디짓 계산법은 문제에 나온 방식 말고도 여러 가지가 있지.

그럼 체크디짓으로 데이터가 깨졌는지도 확인할 수 있겠네요.

응, 그렇지. 데이터를 받은 컴퓨터도 체크디짓을 계산해 보고, 만약 틀렸으면 데이터를 다시 한번 받도록 되어 있어.

안전하게 데이터를 주고받게 해 주는 고마운 시스템이네요.

퀴즈: 바코드 숫자는 무엇을 나타낼까?

어디서나 쉽게 보이는 13자리의 바코드 숫자. 사실 이 숫자에는 의미가 있는데, 가장 오른쪽 숫자가 체크디짓이야.

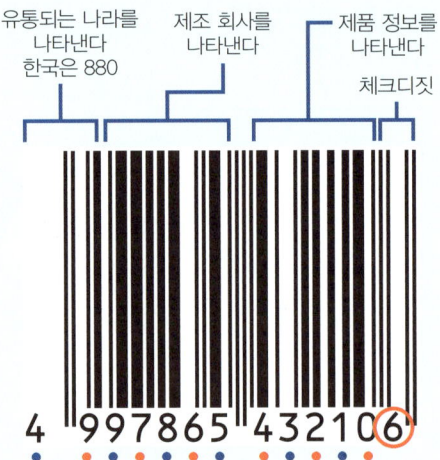

체크디짓 계산 방법

① 짝수 자릿수의 숫자(빨간 점이 찍힌 숫자)를 전부 더한다.
9 + 7 + 6 + 4 + 2 + 0 = 28

② ①의 결과에 3을 곱한다.
28 × 3 = 84

③ 홀수 자릿수의 숫자(마지막 숫자를 제외한 파란 점이 찍힌 숫자들)를 전부 더한다.
4 + 9 + 8 + 5 + 3 + 1 = 30

④ ②와 ③의 결과를 더한다.
84 + 30 = 114

⑤ 10에서 ④의 일의 자릿수를 뺀 숫자를 체크디짓으로 삼는다.
10 − 4 = ⑥

이 계산 방법에 따를 때, 오른쪽 바코드의 체크디짓은 몇일까?

※ 예시의 바코드는 설명을 위해 제작한 가상의 바코드입니다.

정답은 142쪽에

풀 수 있으면 대단한!

레벨

여러분에게 컴퓨터는 무엇인가요?
스마트폰과 컴퓨터는
어떤 마음으로 작동하고 있을까요?
컴퓨터의 마음을 상상해 봅시다.

비밀의 상자

박쥐가 다람쥐의 집으로 상자를 보냈어요. 상자에는 '13'이라고 적힌 자물쇠가 달려 있어요. 이 상자를 열기 위해서는 어떤 열쇠를 써야 할까요? 상자 여는 법을 읽고 아래에서 하나의 열쇠를 골라 봅시다.

(가)　　　(나)　　　(다)　　　(라)

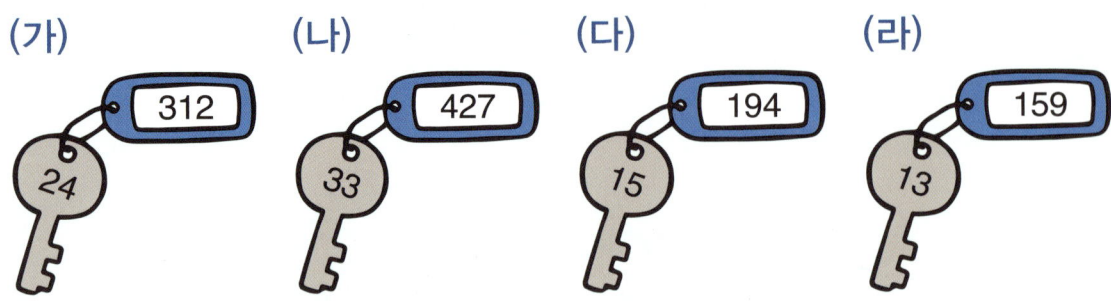

312　　427　　194　　159

24　　33　　15　　13

상자 여는 법

- 자물쇠, 열쇠, 열쇠고리에는 각각 숫자가 적혀 있다.
- 자물쇠를 열기 위해서는 '자물쇠 번호'와 '열쇠 번호'를 곱해서 '열쇠고리 번호'로 나눈 답이 '1 나머지 1'인 열쇠가 필요하다.
- 다람쥐와 박쥐는 같은 열쇠를 가지고 있다.

예) 아래의 자물쇠, 열쇠, 열쇠고리의 경우
$5 \times 5 = 25$, $25 \div 24 = 1$ 나머지 1이다.

계산에 실수하지 않도록 주의하렴!

정답은 다음 페이지에

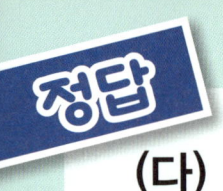

(다)

상자 여는 법에 따라서 각각을 계산하면
(가) 13 × 24 ÷ 312 = 312 ÷ 312 = 1
(나) 13 × 33 ÷ 427 = 429 ÷ 427 = 1 나머지 2
(다) 13 × 15 ÷ 194 = 195 ÷ 194 = 1 나머지 1
(라) 13 × 13 ÷ 159 = 169 ÷ 159 = 1 나머지 10
이므로, 정답은 (다)입니다.

데이터에 자물쇠 채우기

고대 로마 장군의 이름이 붙은 암호가 뭐였는지 기억하니?

카레이서 암호!

 카이사르 암호라니깨! 카레이서는 자동차 경주를 하는 사람이잖아!

아, 맞아요. 그런데 데이터 암호화가 그렇게 중요한가요?

 물론이야. 암호화되지 않은 데이터나 통신은 전용 소프트웨어로 몰래 훔쳐볼 수가 있거든.

세상에! 범죄에도 이용되겠네요.

 맞아. 그래서 정보를 지키는 일, 즉 '정보 보안'이 중요한 거란다.

이 문제에 나온 것처럼 데이터에도 자물쇠를 채워야겠어요.

 그래, 그리고 자물쇠, 열쇠도 잘 지켜야 하지.

가르쳐 주세요, 스승님!
정보 보안을 학습해 데이터를 지키자

데이터를 주고받을 때, 누가 데이터를 가로채거나 내용에 덮어쓰기를 하면 큰일이 겠지? 이런 일이 발생하지 않도록 데이터를 암호화하는 두 가지 방식을 알아 두자.

1. 모두가 똑같은 열쇠를 가지는 **공통키 암호방식**

가족 모두가 똑같은 집 열쇠를 가지고 다니는 것과 같은 개념이야. 데이터를 암호화하는 것과 받은 데이터를 복호화하는 것도 같은 열쇠로 하는 거지. 복호화란 암호화된 데이터를 원래의 정보인 평문으로 만드는 것을 말해.

이 방식을 사용하면 열쇠가 한 종류니까 정보의 암호를 쉽게 풀 수 있어. 하지만 상대에게 열쇠를 넘겨주어야 하기 때문에 혹시 누가 열쇠를 훔치기라도 하면 큰일이지. 또 데이터를 보내야 할 상대가 많을 때는, 상대 입장에서도 열쇠가 필

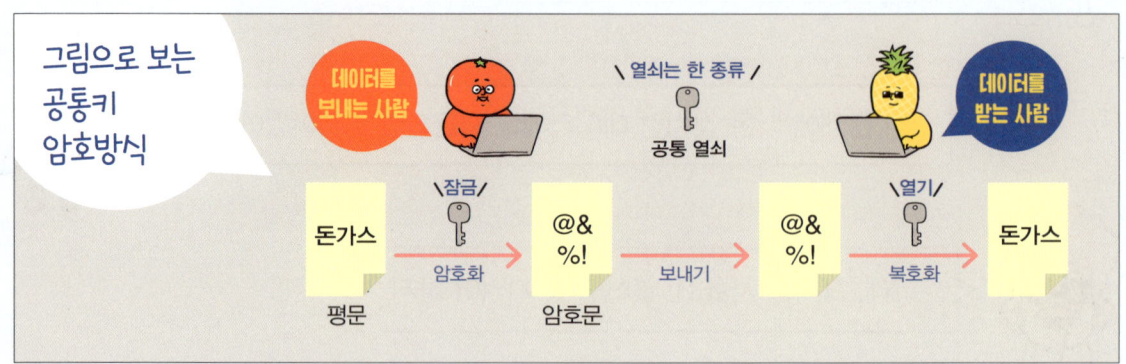

요하기 때문에 조금 귀찮아.

2. 두 개의 열쇠를 준비하는 **공개키암호방식**

이 방식은 암호화에는 공개키, 복호화에는 비밀키라는 두 종류의 열쇠가 필요해. 두 개의 열쇠는 데이터를 받는 쪽에서 만들지. 공개키는 누구에게나 나누어 줘도 되는 열쇠야. 하지만 비밀키를 가지는 사람은 데이터를 받는 사람뿐이지.

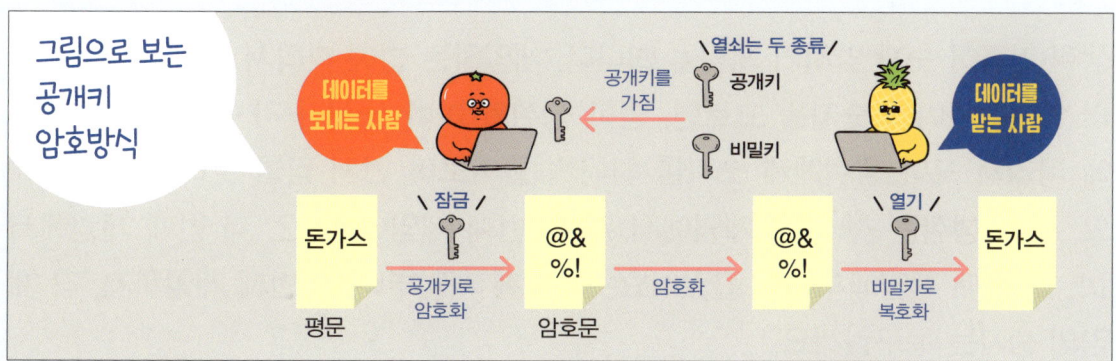

그림으로 보는 공개키 암호방식

즉 자료는 누구나 잠글 수 있지만, 열 수 있는 사람은 딱 1명뿐이라고 생각하면 쉬워. 복잡하긴 해도, 비밀키만 관리하면 되니까 보다 안전한 방식이지. 그런데 여기서 잠깐! 만약 공개키가 가짜여서 자료를 제대로 잠가도 나쁜 사람이 자료를 열어 보면 어

쩌나 걱정이 된다면? 걱정 마, 공개키가 인증기관에 등록되어 있다면 본인의 열쇠가 맞는지 아닌지 확인할 수 있어. 이렇게 데이터와 컴퓨터를 지키는 일을 '정보 보안'이라고 해. 컴퓨터를 사용한다면 정보 보안을 꼭 명심하자.

Q19 숫자 맞히기 게임

생쥐 가족이 숫자 맞히기 게임을 합니다. 게임하는 법에 따라서 꼬마 생쥐가 1부터 15 중 하나의 숫자를 고르면, 엄마 생쥐와 아빠 생쥐가 각자의 숫자 질문법에 따라서 꼬마 생쥐에게 숫자를 하나씩 물어보며 먼저 답을 맞히는 게임이에요. 꼬마 생쥐는 첫 번째 게임에서 7, 두 번째 게임에서 12, 세 번째 게임에서 14, 네 번째 게임에서 3을 골랐어요. 첫 번째 게임부터 네 번째 게임까지, 각 게임의 승자는 누구일까요?

게임하는 법

- 꼬마 생쥐가 1부터 15 중에서 숫자를 하나 고른다.
- 엄마 생쥐와 아빠 생쥐는 답을 맞힐 때까지 꼬마 생쥐에게 "이 숫자인가요?"라고 묻는다.
- 꼬마 생쥐는 질문의 숫자보다 큰지, 작은지, 정답인지만 답할 수 있다.

숫자 질문법

- 엄마 생쥐는 1, 2, 3… 이렇게 1부터 순서대로 묻는다.
- 아빠 생쥐는 우선 1부터 15의 중간 숫자인 8인지를 묻는다. 만약 꼬마 생쥐의 대답이 '그보다 작다'라면 다음으로 1부터 7의 중간 숫자인 4를, 답이 '그보다 크다'라면 9에서 15의 중간 숫자인 12인지를 묻는 식으로, 계속 중간 숫자를 묻는다.

엄마 생쥐와 아빠 생쥐가 숫자를 묻는 방법을 잘 생각해 보렴.

정답은 다음 페이지에

정답

첫 번째 게임 : 아빠 생쥐   두 번째 게임 : 아빠 생쥐
세 번째 게임 : 아빠 생쥐   네 번째 게임 : 엄마 생쥐

엄마 생쥐는 숫자를 1부터 순서대로 물어봅니다. 첫 번째 게임에서는 "1인가요?"를 7까지 물어봐야 하므로, 일곱 번째 질문에서 답을 맞힙니다.

아빠 생쥐는 나열된 숫자의 중간 숫자를 물어봅니다. 첫 번째 게임에서는 우선 8인지를 묻습니다. 꼬마 생쥐가 "(8보다) 작다"고 대답하면, 다음으로 1부터 7의 중간 숫자인 4인지 묻습니다. 꼬마 생쥐가 "(4보다) 크다"고 대답하면 이번에는 5에서 7의 중간 숫자인 6인지 묻습니다. 꼬마 생쥐가 "(6보다) 크다"고 대답하면 (8보다 작고 6보다 큰) 7을 맞힐 수 있습니다. 즉 4번째 질문에서 답을 맞힙니다.

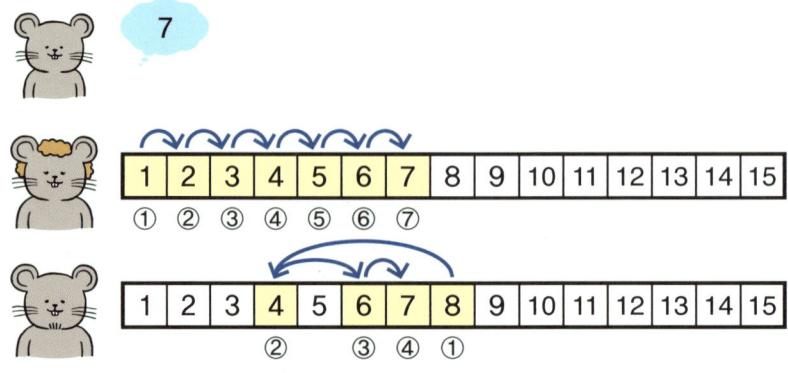

이렇게 엄마 생쥐는 두 번째 게임에서는 12번의 질문을, 세 번째 게임에서는 14번의 질문을, 네 번째 게임에서는 3번의 질문을 한 후에 정답을 맞힙니다. 아빠 생쥐는 두 번째 게임에서는 2번의 질문(8→12)을, 세 번째 게임에서는 3번의 질문(8→12→14)을, 네 번째 게임에서는 4번의 질문(8→4→2→3)을 하고 정답을 맞힙니다.

스승님의 해설 코너: 알고리즘으로 데이터 찾기

'측은지심'을 한자로 쓸 줄 아세요?

그, 그야 당연히(못 쓰는데…)! 궁금한 단어가 생긴 김에 검색해 보면 어떨까? 검색에는 알고리즘이 사용된단다.

알고리즘이요?

그래, 알고리즘은 프로그램에서 문제를 해결할 때 사용하는 순서와 계산 방법을 말하지. 무언가를 찾을 때는 탐색(검색) 알고리즘을 사용하는데, 탐색 알고리즘에도 여러 종류가 있어. 이번 문제에서 엄마 생쥐가 사용한 방법은 '선형 탐색' 알고리즘이고, 아빠 생쥐가 사용한 방법은 '이진 탐색' 알고리즘이야.

오, 탐색법도 다양하군요.

그렇지. 종류나 데이터의 배열에 따라서 원하는 정보를 찾아내는 속도가 다르거든.

아, 찾았다! '惻隱之心'이네요.

그래, 그거라니까(모르는 걸 안 들켜서 다행!).

111
0110 1111

Q 20 생일 축하 깜짝 동영상

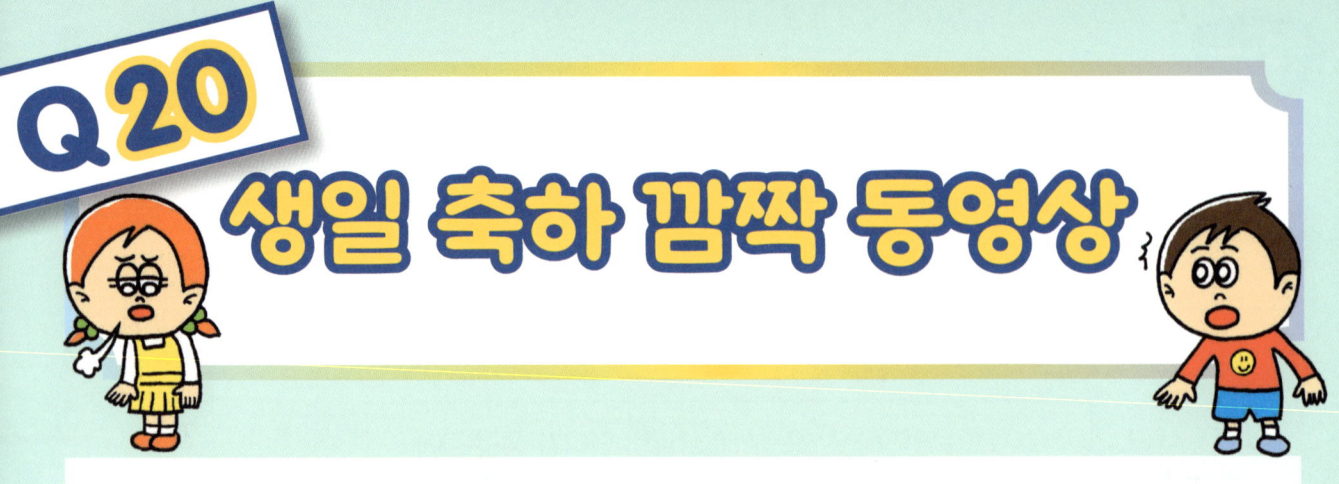

고양이는 동영상 공유 플랫폼의 회원이에요. 어느 날, 고양이는 생쥐의 생일을 앞두고 비밀 축하 영상을 만들었어요. 그리고 영상을 비공개로 플랫폼에 올려서, 생쥐는 모르게 몇몇 친구들에게만 영상이 잘 재생되는지 확인을 부탁하려고 해요.

동영상 플랫폼의 특징과 친구 목록을 잘 살펴보고 고양이가 영상을 보여 주어도 되는 친구를 골라 보세요.

특징

- 계정 주인은 친구를 등록할 수 있다.
- 계정 주인은 업로드한 동영상을 볼 수 있는 친구와 볼 수 없는 친구를 따로 지정할 수 있다.
- 친구가 동영상에 댓글을 남기면 친구의 친구 목록에 있는 다른 사용자 '친구의 친구'도 동영상을 볼 수 있다.
- 그러나 '친구의 친구'는 댓글을 달아도 다른 사람에게 동영상을 공유할 수 없다.
- 계정 주인은 '친구의 친구'는 동영상을 볼 수 없는 사용자로 지정할 수 없다.

레벨 3

친구 목록

다람쥐는 강아지와 생쥐를 친구로 등록해 두었군.

정답은 다음 페이지에

염소, 두더지

'생쥐를 친구로 등록한 친구'에게 동영상을 보여 주면 생쥐도 깜짝 영상을 보게 될 수가 있어요. 그러니까 토끼와 다람쥐에게는 보여 주면 안 됩니다. 생쥐를 친구로 등록하지 않은 염소와 두더지에게 부탁하면 깜짝 영상이 생쥐에게 노출될 가능성이 없으므로 정답은 염소와 두더지입니다.

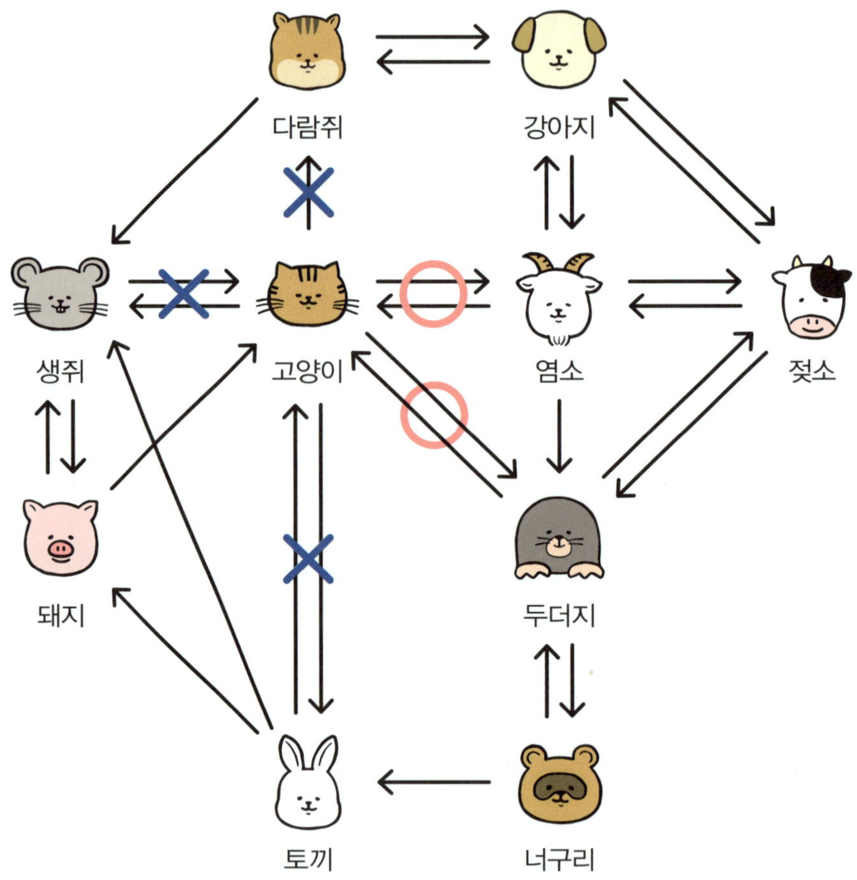

SNS는 조심 또 조심

아, 친구가 방금 이 근처에서 강아지 산책하는 동영상을 업로드했어요.

그건 위험한 행동이야.

왜요?

개인정보 또는 개인정보를 알 수 있는 문장이나 사진, 동영상의 업로드는 위험해. 혹시라도 누가 우리 집 위치를 알아내서 범죄에 악용할 수도 있거든.

친구 공개면 괜찮지 않나요?

그렇지 않아! 문제에서처럼 게시물을 친구 공개로 설정하더라도, 친구가 또 다른 사용자와 공유하는 과정에서 전 세계로 공개될 가능성이 열려 있다고!

헛! 인터넷상에 한번 올라간 정보는 삭제하기 힘드니까 조심해야겠네요.

Q21

창고의 페인트

창고의 정리장에 페인트를 보관하고 있어요. 정리장에는 A, B, C 3개의 선반이 있고, 각각의 보관 자리에는 숫자가 적혀 있답니다. 선반 A의 첫 번째는 선반 A[1]과 같이 표시해요.

이 창고에는 설명서에 적힌 작업과 색 혼합을 할 줄 아는 로봇이 있어요. 만약 로봇이 명령서에 따라 행동한다면, 선반 B의 세 자리에는 무슨 색 페인트가 새로 놓여질까요?

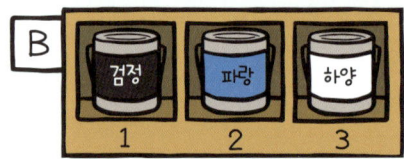

설명서

- 페인트 자리 바꾸기

  예) 선반 B [2] ← 선반 A [3]

  선반 B의 두 번째 파랑을 버리고, 선반 A의 세 번째 파랑을 선반 B의 두 번째에 놓는다. 단, 선반 A의 세 번째는 기존의 색깔을 유지한다.

- 페인트를 섞어서 놓기.

  예) 선반 C [1] ← 선반 A [1] + 선반 A [2]

  선반 A의 첫 번째 빨강과 선반 A의 두 번째 하양을 섞은 색을 선반 C의 첫 번째에 놓는다. 단, 선반 A의 첫 번째와 선반 A의 두 번째는 기존의 색깔을 유지한다.

색 혼합

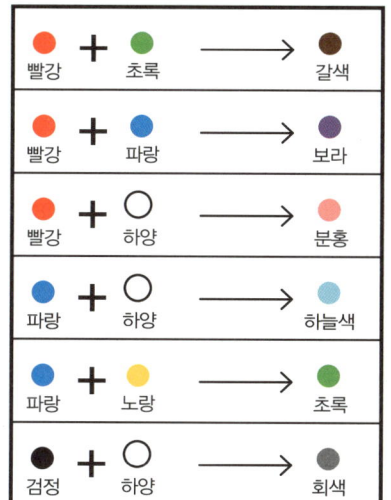

명령서

선반B [1]	←	선반C [4]
선반A [2]	←	선반A [3] + 선반C [1]
선반B [2]	←	선반C [3] + 선반B [1]
선반B [3]	←	선반A [2] + 선반B [1]

정답은 다음 페이지에

선반 B [1] 빨강   선반 B [2] 보라   선반 B [3] 갈색

로봇이 명령서에 적힌 대로 행동한다면
1. 선반 B[1]의 검정을 버리고, 선반 C [4]의 빨강을 넣습니다.

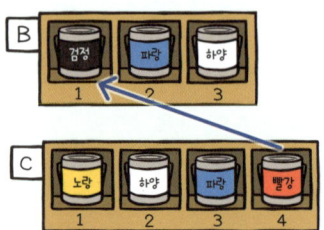

2. 선반 A [2]의 하양을 버리고, 선반 A [3]의 파랑과 선반 C [1]의 노랑을 혼합한 초록을 넣습니다.

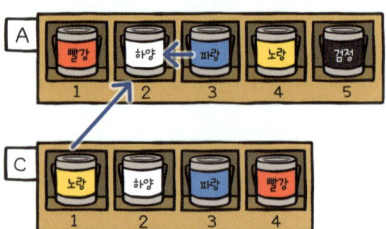

3. 선반 B [2]의 파랑을 버리고, 선반 C [3]의 파랑과 선반 B [1]의 빨강을 혼합한 보라를 넣습니다.

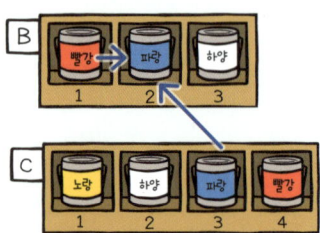

4. 선반 B [3]의 하양을 버리고, 선반 A [2]의 초록과 선반 B [1]의 빨강을 혼합한 갈색을 넣습니다.

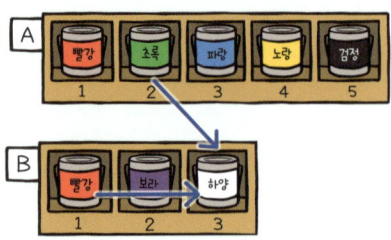

데이터 관리에 배열 사용하기

> 변수로 데이터를 하나씩 저장하는 것도 좋지만, 몇 개씩 묶어서 저장해도 되지 않을까요?

> 아, 그럴 때는 배열과 '리스트'라는 걸 쓸 수 있어. 배열은 여러 개의 데이터를 한 줄에 나열한 다음 번호를 붙여서 관리하지. 배열에 저장된 데이터 하나하나를 '요소'라고 해.

> 이번 문제에서는 선반이 배열, 페인트가 요소군요.

> 맞아. 배열을 사용하면, 가령 게임 속 캐릭터의 이름과 직업, 나이 등의 데이터를 묶어서 관리할 수 있지.

> 주인공의 장비를 인벤토리에 정리하듯이 데이터를 관리할 수 있겠네요?

> 바로 그거야!

Q22 고양이 아저씨네 편의점

고양이 아저씨는 편의점 3개를 경영하고 있어요. 판매 중인 상품과 지점 정보는 각각 상품 노트와 지점 노트에, 팔린 상품은 판매 노트에 기록한답니다. 노트 보는 법을 보고 다음 질문에 답해 보세요.

문제1 8월 14일, 인천점에서는 어떤 상품이 팔렸을까요?

문제2 8월 14일과 15일 이틀간 판매액(가격×판매 개수)이 가장 많은 상품은 무엇인가요?

문제3 8월 14일과 15일 이틀간 판매액이 가장 많은 지점은 어디일까요?

상품 노트

상품 코드	상품명	가격(원)
Y1001	커피	1,000
Y1002	녹차	1,500
S201	초코 아이스크림	1,500
S202	야채 호빵	2,000
S203	멜론빵	1,500
B101	닭꼬치	3,000

판매 노트

날짜	상품 코드	지점 번호
8/14	Y1001	CVS101
8/14	Y1002	CVS102
8/14	S203	CVS102
8/14	S201	CVS101
8/14	S202	CVS103
8/15	Y1001	CVS101
8/15	Y1002	CVS103
8/15	S201	CVS101
8/15	B101	CVS103
8/15	S201	CVS102
8/16	S202	CVS102

지점 노트

지점 번호	지점명
CVS101	서울점
CVS102	부산점
CVS103	인천점

레벨 3

노트 보는 법

- 판매 노트에는 날짜와 상품 코드, 지점 번호가 적혀 있다.
- 각 상품 코드에 해당하는 상품명은 상품 노트에 적혀 있다.
- 각 지점 번호가 어느 지점인지는 지점 노트에 적혀 있다.
  예) 8월 16일 기록은 상품 코드가 S202, 지점 번호가 CVS102이므로 '부산점에서 야채 호빵이 판매됨'을 알 수 있다.

정답은 다음 페이지에

정답

문제1 야채 호빵

판매 노트를 보면 8월 14일, CVS103(인천점)에서는 S202(야채 호빵)이 팔린 것을 알 수 있습니다.

문제2 초코 아이스크림

아래와 같이 세 가지 노트의 내용을 한데 묶어서 이틀간의 판매액을 구하면 커피와 야채 호빵이 각 2,000원, 녹차와 닭꼬치가 각 3,000원, 멜론빵이 1,500원, 초코 아이스크림이 4,500원인 걸 알 수 있습니다.

문제3 인천점

이틀간 부산점이 4,500원, 서울점이 5,000원, 인천점이 6,500원을 팔았습니다.

날짜	상품 코드	지점 번호	상품명	가격(원)	지점명
8/14	Y1001	CVS101	커피	1,000	서울점
8/14	Y1002	CVS102	녹차	1,500	부산점
8/14	S203	CVS102	멜론빵	1,500	부산점
8/14	S201	CVS101	초코 아이스크림	1,500	서울점
8/14	S202	CVS103	야채 호빵	2,000	인천점
8/15	Y1001	CVS101	커피	1,000	서울점
8/15	Y1002	CVS103	녹차	1,500	인천점
8/15	S201	CVS101	초코 아이스크림	1,500	서울점
8/15	B101	CVS103	닭꼬치	3,000	인천점
8/15	S201	CVS102	초코 아이스크림	1,500	부산점

스승님의 해설 코너: 많은 데이터는 데이터베이스로 관리하기

오, 공책을 펼치고 열심히 공부하는 중이로구나!

아뇨? 게임 몬스터 데이터를 한군데에 적어 정리하는 중인데요?

떼잉. 말이 나온 김에, 컴퓨터 세계에서는 대량의 데이터를 한군데에 정리해서 묶은 것을 '데이터베이스'라고 해. 도서관 장서 관리 등에 사용되지.

하긴, 도서관은 책과 이용자가 워낙 많으니 정보의 정리와 저장이 중요하죠.

그렇지. 데이터베이스에는 몇 가지 종류가 있는데, 이 문제에서처럼 몇 가지 표로 관리하는 방법을 '관계데이터베이스'라고 해.

문제에서 고양이 아저씨는 3개의 노트를 사용해서 관리했죠.

데이터베이스를 관리하는 데이터베이스 관리시스템을 사용하면 특정 표에서 필요한 부분만 뽑아내거나 여러 표의 내용을 하나의 표로 재구성할 수도 있지. 게다가 여러 사람이 동시에 이용해도 내용이 엉망으로 뒤섞이는 일이 없어.

와, 잘 만들어졌네요.

레벨 3

편의점 판매액을 다시 조사해 보자

고양이 아저씨네 편의점에서는 3개의 노트를 사용해서 상품과 지점, 판매액을 관리해요. 이 문제에서는 121쪽의 노트 보는 법과 지점 노트는 같지만, 상품 노트와 판매 노트의 내용이 달라요. 새로운 상품 노트와 판매 노트를 살펴보며 다음 질문에 답해 보세요.

상품 노트

상품 코드	상품명	가격(원)
Y1003	우롱차	1,500
Y1004	밀크티	2,000
S204	바닐라 아이스크림	1,500
S205	피자 호빵	2,000
S206	단팥 호빵	1,500
B102	샌드위치	3,000

지점 노트

지점 번호	지점명
CVS101	서울점
CVS102	부산점
CVS103	인천점

판매 노트

날짜	상품 코드	지점명
4/3	S206	CVS103
4/3	S204	CVS102
4/3	S206	CVS103
4/3	S205	CVS102
4/3	B102	CVS101
4/3	S205	CVS101
4/4	S204	CVS101
4/4	Y1004	CVS102
4/4	Y1003	CVS101
4/4	Y1003	CVS103
4/4	B102	CVS103
4/4	Y1003	CVS102

레벨 3

문제1 4월 3일에 판매액이 가장 많은 상품은 무엇인가요?

문제2 4월 3일과 4일 이틀간 판매액이 가장 많은 지점은 어디인가요?

정답은 143쪽에

양떼 목장

양떼 목장에서 양털을 깎는 날이에요. 양털 깎기는 양의 귀에 붙여 놓은 태그 번호가 작은 순서대로 이루어지므로, 메모에 적힌 순서대로 양을 나열합니다. 그런데 메모가 찢어져서 내용의 일부가 보이지 않아요. 작년 상황을 설명한 그림을 보고 (가)~(다) 중에서 (1)~(3)에 들어갈 적절한 답을 골라 메모 내용을 완성해 봅시다.

(가) 양을 왼쪽부터 순서대로, 귀에 부착된 태그 번호의 일의 자리 숫자와 번호가 같은 우리에 넣는다.

(나) 모든 양을 우리에 넣은 다음, 0번 우리에 있는 양들부터 순서대로 털을 깎는다. 같은 우리에 양이 여러 마리 있다면, 우리에 넣은 순서대로 털을 깎는다.

(다) 0번 우리에 있는 양부터 순서대로 번호를 확인해서, 십의 자리 숫자와 번호가 같은 우리에 넣는다.

메모

1. 0번부터 9번까지 번호를 붙인 우리를 준비한다. 우리에는 양을 여러 마리 넣을 수 있다.
2. (1)
3. 모든 양을 우리에 넣은 다음 0번부터 9번까지 번호를 붙인 우리를 하나씩 더 준비한다.
4. (2)
5. (3)

그림

왼쪽부터

넣은 순서대로 깎기

정답은 다음 페이지에

(1) 가   (2) 다   (3) 나

태그 번호가 98번인 양을 예로 들면, 우선 8번 우리에서 털을 깎은 다음에 9번 우리로 옮겨졌습니다. 다른 양들도 이러한 과정을 거친 것을 알 수 있으므로, 우선 '(가) 태그 번호의 일의 자리 숫자와 번호가 같은 우리에 넣고' → 그다음 '(다) 십의 자리 숫자와 번호가 같은 우리에 넣고' → 그다음 '(나) 0번 우리에 있는 양들부터 순서대로 털을 깎았다'는 것을 알 수 있습니다.

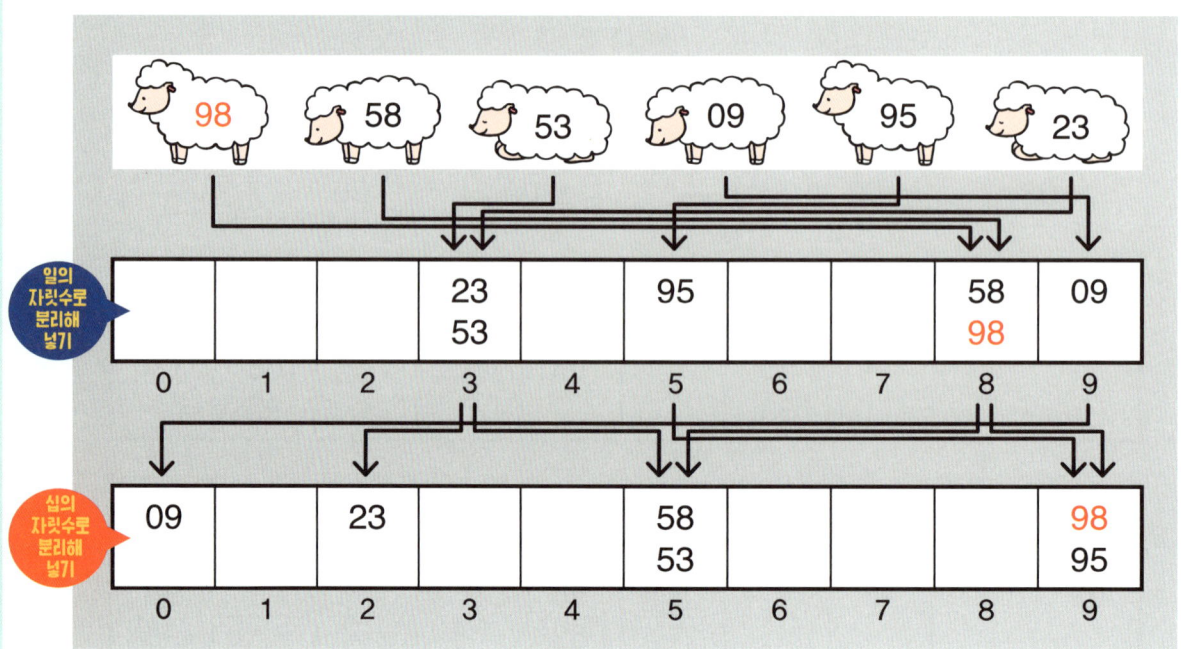

스승님의 해설 코너: 데이터 재배열에도 활약하는 알고리즘

응? 지금 스마트폰에서 나오는 이 노래는… 처음 듣는 노래네?

레벨 3

옛날 노래를 덜 오래된 순서대로 정렬해서 틀었어. 컴퓨터는 재배열도 '정렬 알고리즘'을 써서 손쉽게 해내거든.

알고리즘이요? 아, 앞에서 나온 그거요?

앞에서 설명한 건 데이터를 찾는 '탐색 알고리즘'이었지. 지금 설명하는 건 데이터를 재배열하는 '정렬 알고리즘'이야. 가장 크기가 작은 데이터를 반복 선택해서 배열하는 '선택정렬', 옆의 데이터와 비교해서 순서가 잘못되었다면 자리를 교환해서 정렬시키는 '버블정렬' 등이 있지.

그럼 이번 문제에 나온 건 무슨 정렬인가요?

'기수정렬'이라고 해서, 숫자의 자릿수로 정렬시키는 방법이야. 종류와 데이터에 따라서 걸리는 시간이 달라지지.

Q24 길에 적힌 메시지

규칙과 명령 그림에 따라서 길에 적힌 글씨를 읽어 내는 로봇이 있습니다. 로봇이 지도의 시작 지점에서 도착 지점까지 읽어 낸 글씨를 나열하면 어떤 문장이 완성될까요?

규칙

- 명령 그림에 적힌 대로 시작 지점부터 한 타일씩 앞으로 나아간다. 파란 글씨의 조건이 발생하면 화살표 방향 동그라미에 적힌 동작을 한다. 예를 들어 삼각형이 그려진 타일에 들어가면 그 타일에서 왼쪽으로 간다.
- 타일에 적힌 글씨는 로봇이 지나간 순서대로 읽는다.
- 한번 읽은 타일의 글씨는 다시 읽지 않고 지나간다.

명령 그림

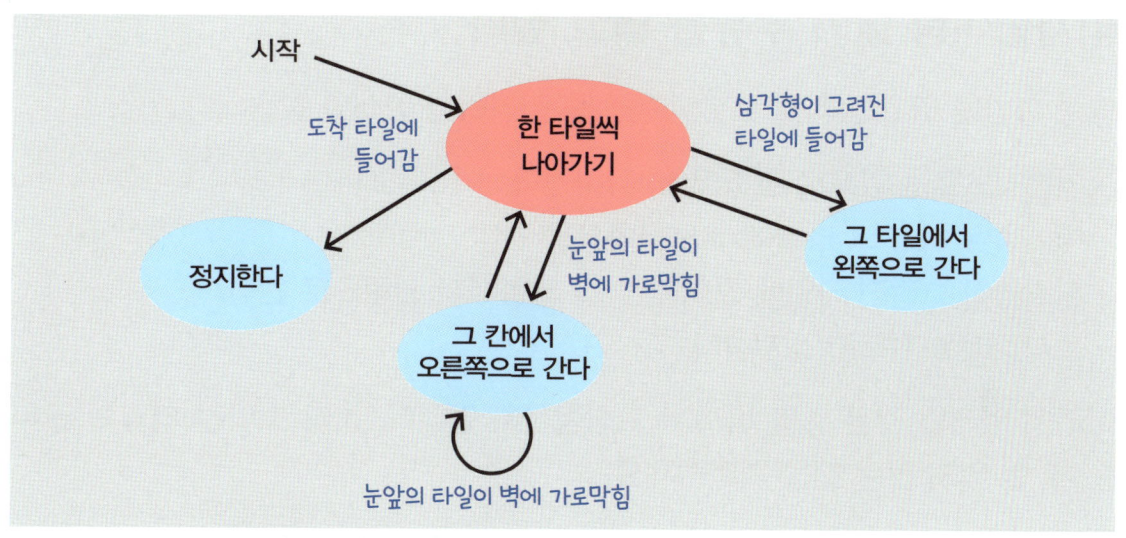

지도

피자빵이랑 딸기 우유를 먹고 싶다

명령 그림을 읽고 움직일 로봇의 동작을 정리하면 아래와 같습니다.

- 기본적으로는 앞으로 한 타일씩 나아간다.
- 벽에 부딪히면 그 타일에서 오른쪽으로 간다.
- 삼각형이 그려진 타일에 들어가면 그 타일에서 왼쪽으로 간다.
- 도착점에 도착하면 정지한다.

따라서 아래와 같은 길을 따라서 도착점까지 갑니다. 이미 지나간 타일의 글씨는 두 번 읽지 않는 점을 기억하세요.

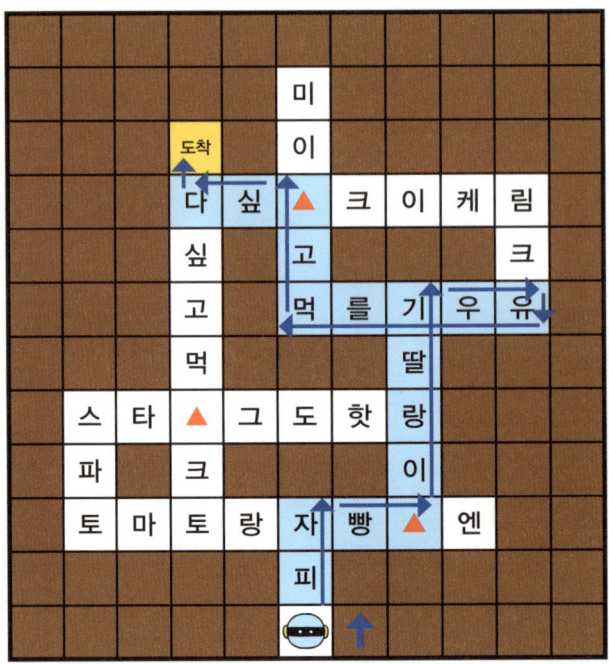

스승님의 해설 코너
프로그램의 상태를 보기 쉽게 만드는 그림

문제 속 로봇의 움직임을 나타낸 그림을 '상태천이도'라고 해.

천이도요?

'천이'는 한 상태가 다른 상태로 이동해 바뀌는 걸 말해. 상태천이도의 화살표는 어떤 이벤트가 발생할 수 있는지를 보여 주고, 원 속의 내용은 이벤트에 따라서 상태가 어떻게 바뀌어야 하는지를 알려 주지.

이벤트요? 게임에 자주 나오는 말인데.

게임에도 잘 나오지만, 이벤트라는 건 프로그램을 움직이게 만드는 계기 같은 것들을 가리켜. 예를 들어 우리가 마우스를 클릭하거나 키보드의 스페이스바를 누르는 것이지.

이 문제에선 '삼각형이 그려진 타일에 들어가는 것'도 이벤트겠네요.

그렇지. 프로그램 개발자가 프로그램이나 기기의 상태를 예측하는 건 아주 힘든 일인데, 상태천이도를 그리면 프로그램의 상태를 알기 쉽게 정리할 수 있어.

레벨 3

동굴 탐색

로봇에게 동굴의 지도를 주며 탐색을 부탁했어요. 로봇은 순서도에 따라서 움직이며, 순서도의 '?'는 왼쪽과 오른쪽 중 하나입니다.
과연 로봇은 어떠한 경로로 도착 지점까지 갈까요? 로봇의 기능과 로봇에 부착된 센서의 수치 변화를 정리한 그래프를 보고 답을 골라 보세요.

로봇의 기능

- 순서도에 따라서 1초에 한 칸씩 움직인다. 방향을 바꿀 때도 1초가 걸린다.
- 로봇 앞면에는 벽(지도의 갈색 부분)과의 거리를 가늠하는 초음파 센서가 부착되어 있다. 센서의 수치는 벽에 가까워질수록 작아지고, 멀어질수록 커진다. 시작 지점에서의 수치는 4이며, 이는 로봇과 전방의 벽 사이에 4칸이 떨어져 있음을 나타낸다.

순서도

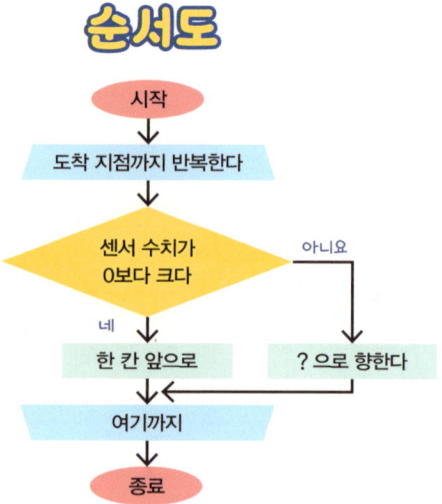

지도

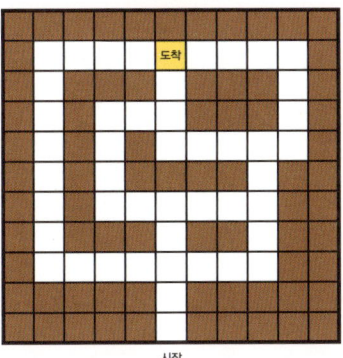

그래프

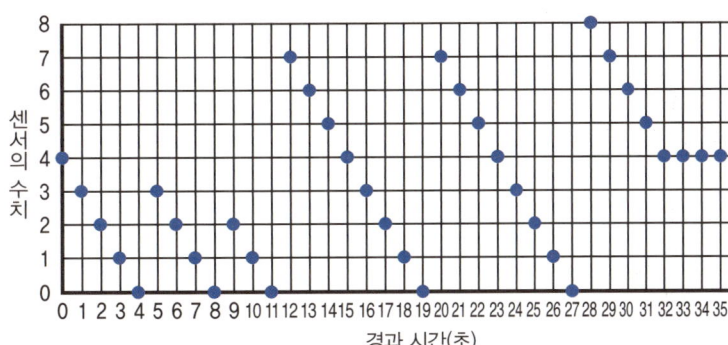

(가)
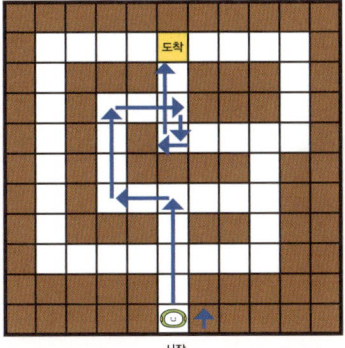

(나)
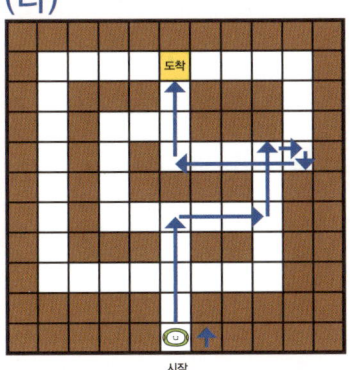

(다)
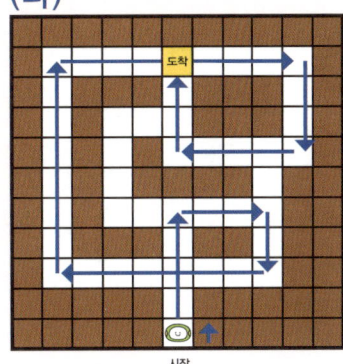

(라)
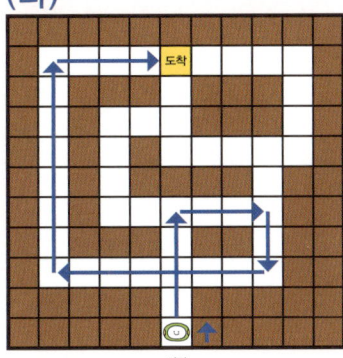

정답은 143쪽에

미래의 자동판매기

돼지는 새로운 아이스크림 자동판매기를 만들 계획입니다. 자동판매기와 손님의 소통 과정을 메모와 그림으로 정리해 보았어요. 이 메모와 그림을 보고 아래 질문에 답해 봅시다.

문제1 그림의 (1)~(4)에 해당하는 내용을 아래에서 골라 기호로 답해 보세요.

(가) 원하는 상품의 버튼을 누른다　(나) 불빛　(다) 소리

(라) 금액을 표시한다　(마) 상품을 내보낸다　(바) 상품　(사) 돈

문제2 미래에는 어떤 자동판매기가 나오면 좋을까요? 돼지처럼 메모와 그림으로 정리하며 자유롭게 상상해 봅시다.

메모

- 손님이 자동판매기에 돈을 넣으면 자동판매기는 금액을 표시하고 구입 가능한 상품의 버튼에 불을 켠다.
- 손님은 불이 들어온 버튼을 눌러서 사고 싶은 상품을 자동판매기에게 전달한다.
- 자동판매기가 상품을 꺼내 주면, 손님이 받는다.
- 끝으로 잔돈이 있으면 내주고, 손님이 받는다.

그림

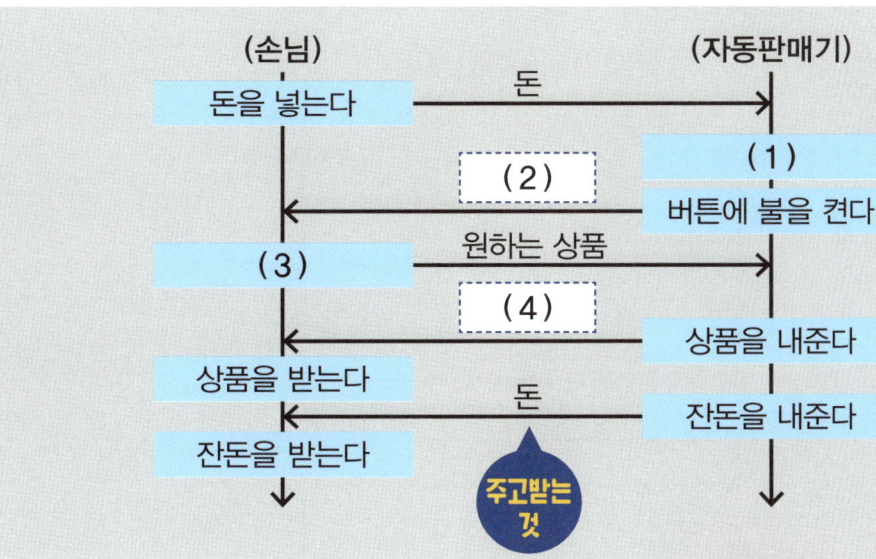

정답

문제1 (1)(라) (2)(나) (3)(가) (4)(바)

메모에 따르면

- 손님이 돈을 넣으면 자동판매기는 '금액을 표시'하므로 (1)은 (라).
- (2)에서는 자동판매기가 '버튼에 불을 켜'므로 (나).
- (3)에서는 손님이 버튼을 눌러 원하는 상품을 고르므로 (가).
- (4)에서는 자동판매기가 '상품을 내어 주'므로 (바).

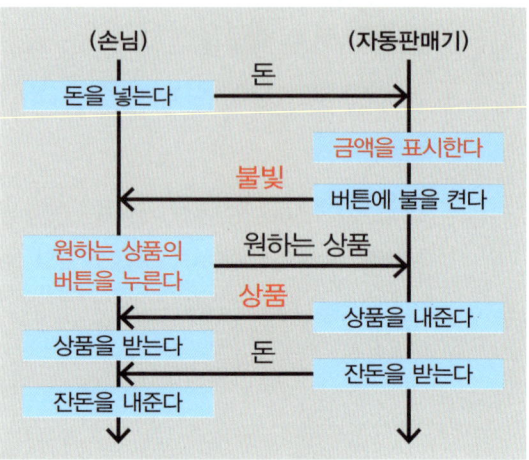

문제2 자유롭게 생각한 아이디어라면 뭐든지 정답

아래는 노래하며 춤추는 자동판매기의 예입니다.

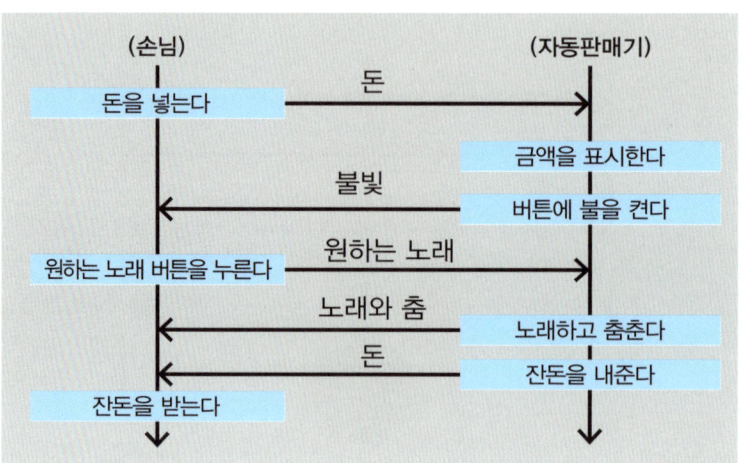

스승님의 해설 코너: 컴퓨터 입장에서 생각하기

 세상에 어떤 자동판매기가 있으면 좋겠니?

숙제를 해 주는 자동판매기요!

즉석 주먹밥 자동판매기요.

 이번 문제에선 사람과 기계가 서로 원하는 것을 주고받는 예시를 들었지만, 때로는 컴퓨터끼리도 원하는 것을 주고받는 경우도 있어.

어떻게 소통하는지 그림으로 나타내면 더욱 알기 쉽겠네요.

 그렇지. 그리고 컴퓨터의 입장이 되어 보려는 자세도 중요해.

컴퓨터의 입장요?

 그래. '손님이 돈을 넣으면 그 금액으로 살 수 있는 상품을 표시해 주어야지', '손님이 고른 상품을 내줘야지'. 하는 컴퓨터의 마음과 논리를 헤아릴 줄 알게 되면 한층 컴퓨터를 잘 이해할 수 있을 거야.

컴퓨터는 우리와 친근한 존재니까 그것도 정말 중요하겠네요.

레벨 3

퀴즈·도전 레벨업!
힌트와 정답

퀴즈

p.56 ABBCCCDD
> A1이라고 적힌 건 A가 하나라는 뜻이야.

p.98 7
> 앞에서 설명한 계산 방식을 잘 살펴보고 답을 구하자. 짝수 자리의 숫자를 다 더하면 38, 홀수 자리의 숫자를 다 더하면 29가 돼.

도전 레벨업!

p.34 다시 한번 만화책을 정리하자

문제1 공포 만화, 이야기 만화, 추리 만화

문제2 (나)
> 1, 2, 4, 8, 16 중 몇과 몇을 더하면 25가 될지 생각해 보자.

142
1000 1110

p.76 스트링아트를 따라 해 보자

문제1 (가)

문제2 (1) (다) (2) (가) (3) (라)

> 73쪽의 방법을 읽고 실의 모양을 상상해 보자. 디지털화의 세 가지 작업은 Q.13의 해설에 설명되어 있어!

---

p.92 전기가 통하는 신기한 생물

문제1 흐르지 않는다   **문제2** (가), (다)

문제3 A 논리곱   B 논리합   C 논리 부정

> 86쪽에서처럼 항목마다 전기가 흐르는지 흐르지 않는지를 하나하나 확인해 보자. 문제3은 90쪽을 읽어 보렴.

---

p.124 편의점 판매액을 다시 조사해 보자

문제1 피자 호빵   **문제2** 서울점

> 121쪽과 마찬가지로 지점 노트와 상품 노트를 보고 판매 노트의 지점 번호와 상품 코드가 무엇을 나타내는지 확인하자.

---

p.134 동굴 탐색

(라)

> 로봇이 시작 후 4초 만에 벽에 부딪혀 1초 동안 방향을 바꾸었지? 이때(5초 지점)의 그래프를 보면 수치가 3이므로, 로봇이 세 칸 앞에 벽이 있는 '오른쪽'으로 향하는 것을 알 수 있어. 따라서 순서도의 ?는 오른쪽임을 알 수 있지.

감수자의 말

컴퓨팅 사고력이 중요한 시대

 이 책은 컴퓨터의 원리인 프로그래밍과 컴퓨터과학의 개념을 설명한 책입니다. 잘 알려진 것처럼 개인용 컴퓨터가 인터넷에 접속하게 된 이후 스마트폰 시대를 거쳐 현재는 인공지능 기술이 크게 발전하고 있습니다. 시간이 흐르면서 컴퓨터 기술은 크게 변화하지만, 시대에 따라 수학 계산의 답이 바뀌지 않는 것처럼 시대가 바뀌어도 변하지 않는 컴퓨터의 기초를 '컴퓨터과학'이라고 부릅니다.

 또한 일상생활이나 직업 현장에서 논리적으로 사고하는 능력이 유용한 것처럼, 컴퓨터를 자유자재로 활용하기 위해서는 컴퓨터의 시스템을 이해하는 일도 중요합니다. 이렇게 컴퓨터를 잘 활용하기 위해 컴퓨터프로그램을 상상하며 사고하는 과정을 '컴퓨팅 사고력'이라고 합니다. 컴퓨터는 컴퓨터프로그램이 움직이므로 이러한 사고의 과정이 중요하지요. 인간과 컴퓨터는 서로 닮은 부분도 있지만 다른 부분도 있기 때문에 인간과 다른 컴퓨터의 마음은 어떠할지를 헤아릴 줄 아는 능력도 중요해지고 있습니다.

 이런 의미에서, 전 세계 국가들이 속속 컴퓨터 교육을 강화하고 있습니다. 일본에서도 2020년부터 초등학교에서 컴퓨터와 태블릿 PC 등을 반드시 다루어 보게 하는 교육을 시작했습니다. 또 모든 학생이 학교에서 프로그래밍을 체험할 수 있도록 교육 과정도 바꾸었습니다.

   여러분이 이 책으로 재미있게 공부하며 컴퓨터와 프로그래밍의 개념을 자연스레 익힐 수 있기를 기대합니다. 컴퓨팅 사고력을 익혀 논리적으로 생각하고, 공부를 하거나 생활할 때도 효율적인 해결 방법을 찾는 법을 배우고, 컴퓨터를 잘 활용할 수 있는 힘을 기르게 되기를 바랍니다.

글쓴이 시마부쿠 마이코
오사카전기통신대학대학원 공학연구과 박사 과정을 수료하고 현재 오사카전기통신대학 특임 강사이다. 쓴 책으로 《연습 문제의 왕 – 즐거운 프로그래밍》 시리즈가 있다.

감수 가네무네 스스무
쓰쿠바대학대학원 비즈니스과학연구과 박사 과정을 수료하고 현재 오사카전기통신대학 공학부 전자기계공학과 교수 겸 부학장이다. 쓴 책으로 《연습 문제로 배우는 프로그래밍》(공저) 등이 있다.

옮긴이 윤재
좋은 책, 재미있는 책을 많은 사람과 함께 읽고 싶어서 일하는 출판 기획자 겸 번역가. 기획부터 원서 발굴, 외서 검토, 편집과 번역까지 때에 따라 역할을 바꾸며 좋은 책이 더 빛나는 모습으로 독자들과 가까이 만날 수 있도록 책 뒤에서 갖은 열정을 불태우고 있다. 《펭귄의 사생활》, 《게으른 족제비와 말을 알아듣는 로봇》, 《과학 용어 도감》, 《세상 모든 화학 이야기》, 《우주를 읽는 키워드, 물리상수 이야기》, 《쉽게 이해하는 알고리즘》 등 여러 권의 책을 우리말로 옮겼다.

TOITE RONRITEKISHIKORYOKU O MINITSUKERU HAJIMETENO COMPUTER SCIENCE
written by Maiko Shimabuku, supervised by Susumu Kanemune
copyright © 2023 Maiko Shimabuku
All rights reserved.
Original Japanese edition published by Kumon Publishing Co., Ltd.

Korean translation copyright © 2025 CHUNG-A PUBLISHING CO.
This Korean edition is published by arrangement with Kumon Publishing Co., Ltd., Tokyo
in care of Tuttle-Mori Agency, Inc., Tokyo, through Danny Hong Agency, Korea

이 책의 한국어판 저작권은 대니홍 에이전시를 통한 저작권사와의 독점계약으로 청아출판사(봄마중)에 있습니다.
저작권법에 의해 한국 내에서 보호를 받는 저작물이므로 무단전재와 복제를 금합니다.

AI 시대의 컴퓨팅 사고력
쉽게 이해하는 컴퓨터과학

초판 1쇄 발행 2025. 4. 25.

글쓴이	시마부쿠 마이코
옮긴이	윤재
발행인	이상용 이성훈
발행처	봄마중
출판등록	제2022-000024호
일러스트	고사카 다이치(면지), 누마타 겐(만화·캐릭터), 멘타만타(설문)
주소	경기도 파주시 회동길 363-15
대표전화	031-955-6031
팩스	031-955-6036
전자우편	bom-majung@naver.com

ISBN 979-11-94728-02-3 73000

값은 뒤표지에 있습니다.
잘못된 책은 구입한 서점에서 바꾸어 드립니다.
본 도서에 대한 문의사항은 이메일을 통해 주십시오.

봄마중은 청아출판사의 청소년·아동 브랜드입니다.

컴퓨터를 구성하는

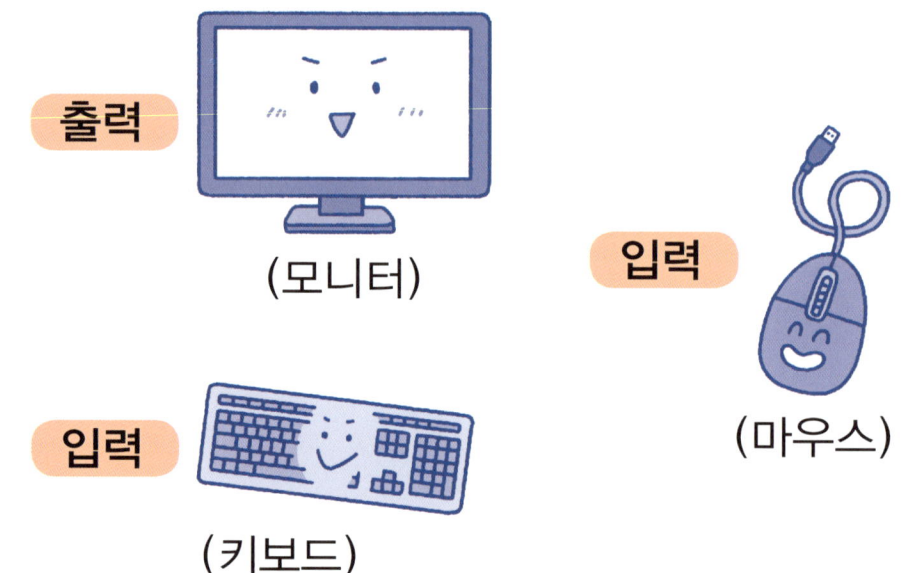

출력 (모니터)

입력 (마우스)

입력 (키보드)

알아 두기

컴퓨터를 구성하는 장치는 주로 아래의 다섯 가지로 나눌 수 있어요.

- **입력 장치** 문자나 음성 따위를 컴퓨터에 입력해요.
  예 마우스, 키보드, 마이크
- **기억 장치** 데이터를 저장해요.   예 메모리, 하드디스크
- **연산 장치** '0'과 '1'로 여러 가지 계산을 해요.   예 CPU
- **제어 장치** 다른 장치에 명령을 내려요.   예 CPU
- **출력 장치** 데이터를 처리한 결과를 사용자에게 보여 줘요.   예 모니터, 프린터

주요 장치

이게 뭘까? 정답

컴퓨터 본체

(CPU)

연산
제어

(메모리)

기억

(하드디스크)

기억

그 밖에 또 어떤 역할을 하는 장치가 있는지 더 찾아봐.